周蓓 主編

『民國專題史』叢書

鄧中夏 著

河南人民出版社

# 中國職工運動簡史

敘述自中國職工運動的初期發展至大革命時期（1919–1926）工人運動的歷史。對研究中國大革命初期的歷史，特別是關于中國職工運動的發展史提供了許多具體史料

**圖書在版編目(CIP)數據**

中國職工運動簡史 / 鄧中夏著. —鄭州 : 河南人民出版社, 2016. 4(2017. 1 重印)
(民國專題史叢書 / 周蓓主編)
ISBN 978-7-215-10087-9

Ⅰ. ①中… Ⅱ. ①鄧… Ⅲ. ①工人運動-歷史-中國 Ⅳ. ①K261. 3

中國版本圖書館 CIP 數據核字(2016)第 077608 號

---

河南人民出版社出版發行
(地址 : 鄭州市經五路 66 號　郵政編碼 : 450002　電話 : 65788063)
新華書店經銷　　河南新華印刷集團有限公司印刷
開本 710 毫米×1000 毫米　1 / 16　印張 14. 75
字數 220 千字
2016 年 4 月第 1 版　　2017 年 1 月第 3 次印刷

---

定價 : 96. 00 圓

# 出版前言

中國現代學術體系是在晚清西學東漸的大潮中逐步形成的。至民國初建，中央政治權威進一步分散和削弱，加之新文化運動帶給國人思想上的空前解放，新學的啓蒙，新知識分子的産生，民國學術如草長鶯飛，進入一個自由而蓬勃的時代。中國傳統學科乃中國學術之根基與菁華所在，民國學人采用『取今復古，别立新宗』之方法，引入西方的學術觀念，積極改造，使史學、文學等學科向現代學術方向轉型。此外，大力推介西方社會科學的新學科和自然科學，在學習、借鑒乃至移植西方現代學術話語和研究範式的過程中，逐漸建立中國現代學科，使中國的學科門類迅速擴展。一時間，新舊更迭，中西交流，百花齊放，萬壑争流，開創了中國現代學術的源頭。

伴隨知識轉型和研究範式轉换而來的，還有學術著作撰寫方式的創新。中國古代的著作向來以單篇流傳，經後人整理匯編後，方以成册成集的面目出現并持續傳播。直到十九世紀末，東西方的歷史編撰體裁不外乎多卷本的編年體、紀傳體和紀事本末體等，章節體的出現標志着近代西方學術規範的産生和新史學的興起。章節體具有依時間順序，按章節編排；因事立題，分篇綜論；既分門别類，又綜合通貫的特點。以章、節搭建起論述之框架，結構分明，邏輯清晰，較傳統的撰寫體裁容量大、系統性强。它的傳入，使中國現代學術體系從内容到形式被納入了全球化的軌道。民國時期專題史的研究、譯介、編纂、出版恰恰是在這樣的背景下欣欣而發，是學術的實驗場，也是歷史的記録儀。編選『民國專題史』叢書的初衷正是爲了從一個側面展示中國學術從傳統向現代過渡的歷史進程。

專題史是對一個學科歷史的總結，是學科入門的必備和學科研究的基礎，也是對一個時代艱深新鋭問題的解答，是學術研究的高點。民國專題史著作中，既包含通論某一學科全部或一時代（區域、國别）的變化過程的，又囊括對一時代或一問題作特殊研究的，還有少部分是對某一專題的史料進行收集的。原創與翻譯并重，翻譯的底本大多選擇該學科的代表著作或歐美大學普及教本，兼顧權威性和流行性，其中日本學者的論著占據了相當比重。日本與中國同屬東亞儒家文化圈，他們在接納西方學術思想和研究模式時，已作了某種消化與調適，從思維轉换的角度看，更便于中國借鑒和利用，他們的著作因而被時人廣泛引進。

與當代學術研究日趨專業化、專門化、專家化的『窄化』道路迥乎不同的是，中國傳統學術崇尚『學問主通不主專，貴通人不尚專家』的通識型治學門徑，處于過渡轉型期的民國學術在不同程度上保留了這種特徵。民國學術大師諸學科貫通一脉、上千年縱横捭闔之功力自不待冗言，外交家著倫理政治史、文學家著哲學史、化學家著戰争史等亦不乏其人，民國專題史研究呈現出開放、融通、跨界撰述的特點。與此同時必須看到，自晚清以來，中國的命運就在外侮屢犯、内亂頻仍的窘境中跌宕彷徨，民族存亡仿若命懸一綫。這股以創建學科、總結經驗、解决問題爲指歸的專題史出版風潮背後，包裹着民國學人企望以西學爲工具拯民族于衰微的探索精神，及以學術救亡的愛國之心。梁任公曾言：『史學者，學問之最博大而最切要者也，國民之明鏡也，愛國心之源泉也。』這種位卑未敢忘憂國的歷史使命感和國民意識是今人無法漠視和遺忘的。

『民國專題史』叢書收録的範圍包括現代各個學科，不僅限于人文社會科學，學科分類以《民國總書目》的分科爲標準，計有哲學、宗教、社會、政治、法律、軍事、經濟、文化、藝術、教育、語言文字、中國文學、外國文學、中國歷史、西方史、自然科學、醫學、工業、交通共19個學科門類。本叢書分輯整理出版，内不分科，單本發行，方便讀者按需索驥。既可作爲大專院校圖書館、學術研究機構館藏之必備資源，也可滿足個人研讀或興趣之收藏。

與目前市場已有的一些專題史叢書相比，『民國專題史』叢書具有規模大、學科全、選本精、原版影印的特點。本叢書選目首重作者的首創、權威和著作影響力，尤其注重選本的稀見性。所謂稀見，即建國後没有再版，且多數圖書館没有收藏，或即便有收藏，也是歸于非公開的珍本之列予以保存，普通讀者難以借閲。部分圖書雖有電子版，但作爲學術研究的經典原著讀本，紙質版本更利于記憶和研究之用。本叢書精揀版本最早、品相最佳的原版圖書作爲底本，因而還具有很高的版本收藏價值。

『民國專題史』的著作是民國學者對于那個時代諸問題之探究，往往有獨到之處，無論其資料、觀點短長得失如何，要之在中國現代學術史的構建與發展進程中，自有其開宗立論之地位。

# 目錄

# 再版聲明

（一）本書內容主要是敘述中國革命職工運動的初期發展，到大革命時爲止，其基本論點，大體上是正確的。由於職工運動不能脫離整個中國革命運動，而且爲中國革命運動發展初期的主要內容。對於研究中國大革命初期歷史，特別關於中國職工運動發展史，提供了許多具體鬥爭史料，故本書不僅爲職工運動中之寶貴文獻，同時是中國革命運動史上的文獻。因此重版以供同志們閱讀。

（二）由於歷史的事實，時代眼光的限制，著者編敘的匆忙，以及本書並非黨內有組織的集體創作，而爲作者個人的經歷和見解，因此有些問題，是值得我們重新考慮的，如對某些問題與客觀事實不完全相符合，或分析欠妥，和某些策略的機械應用等。例如：

甲、在第二章十七頁中，關於對上海市儈的或流氓的工會這樣估計：「……你如說當時上海沒有工會嗎？有的是，工會的招牌是有好幾十，自然紮桀是一個都沒有。……」實際情況不盡如此。

乙、在第三章二十頁中，關於對交通系問題上，著者認爲：「……最明顯的，共產黨與交通系成了爭取鐵路工人生死仇敵，不用說共產黨如要爭取鐵路工人首先須將交通系打倒，因此不斷發生劇烈鬥爭。」當時交通系開辦工人學校，組織工人團體與我黨在工人中競爭，如當時不採打倒政策，而採批評與利用政策恐較更爲妥當。

丙、在第三章二十二頁關於利用吳佩孚的問題上，著者說「這裏必須指出，當時共產黨確有一種機會主義的傾向，……吳佩孚四大政策「保護勞工」一項，確是李守常同志經過他的老友白堅武（吳佩孚幕下的政治處長）建議於吳佩孚的。」實際上當時利用吳佩孚是有成績的，「李守常同志向吳佩孚御用內閣交通部長高恩洪建議每路派一密查員，得其允許，於是京漢、京奉、京綏、隴海、正太、津浦，六條鐵路都有一個密查員（守常薦去的共產黨員）……這樣一來我們在鐵路上的工作得到順利的開展，差不多六條鐵路都建立了相當的基礎……。」

丁、第九章一〇五頁中，在分析大革命前夜北京政變馮玉祥倒戈的時候，著者這樣說：「日本運動馮玉祥倒戈。」實際，日本雖有所活動，但馮之倒戈重要原因之一，是受到當時革命影響。

戊、第十一章一三一頁中，關於第二次勞動大會的經過裏面，著者這樣說：「這次大會的成分，不像第一次大會那樣複雜，……大會主要的成分當然是共產黨所領導的工會……因此大會之進行，是異常順利，幾乎未遇到若何意見上的衝突，……」在著者的口氣看來，似乎大會成分之不複雜，爲一有利的現象，而沒有看到許多不是共產黨所領導之工會未參加大會實是一大損失。

己、在第十一章一三一頁關於第二次勞動大會工人階級與政治鬥爭決議案，其中有些問題，如：「……工人階級的每一經濟鬥爭，同時一定要變成政治鬥爭……」「民族革命一切方面的進行，一定要不妨礙工人階級的發展，而且應把工人階級的利益，放在第一位……」這裏將經濟鬥爭與政治鬥爭，民族革命與工人階級的關係，看法是機械的。

庚、在第十二章一八五——一八六頁關於檢討五卅運動的教訓中，著者這樣說：「……罷工擴大到華廠不爲什麼民族學說所束縛，這些都可以說是幼稚的黨所難能而可貴的事。」上海五卅運動之未能得到如何直接的結果，固然是由於資產階級之出賣，小資產階級之怠工，然而最主要的原因，是由於無產階級之孤立，無產階級未能取得廣大農民與城市貧民的贊助而孤立，論理這裏應該啓示我們的黨，要開始積極做廣泛的農民運動，然而結果沒有，不僅沒有，而且走到另一機會主義的道路上去了，這一道路便是所謂「聯合同情於民族運動的軍人，反抗奉天軍閥都是可以的」……」五卅運動是反帝反封建的運動，雖應以廣大工農為骨幹，但爭取民族資產階級與進步軍人是應該的，不能看作是機會主義。

以上這些個別問題的看法，在今日看來，雖值得我們重新考慮，但這決不能減低本書在歷史上的光輝價值。

（三）由於本書的內容，是敘述中國革命職工運動初期的發展，而在這時期，工人鬥爭是向上發展，環境亦比較順利，鬥爭的策略主要是進攻的，如在鬥爭中，多採罷工的方式，常堅持罷工、擴大罷工及同盟罷工，以求達到鬥爭勝利的目的，當然，這種策略在這時期無疑是正確的，但大革命失敗，環境已改變，工人鬥爭潮流不能向上發展，不幸許多黨的組織仍然採用前期的鬥爭策略，不加以改變，以致遭受許多嚴重的失敗，這是值得我們今後警惕的。一個真正的馬列主義者，不應死板地來模仿先烈的經驗，希望讀者在讀本書的時候，予以特別注意。

（四）本書此次重印是依照一九三〇年蘇聯中央出版局中文版，個別不適宜於今日的字句，改用××代替，有些很明顯係原文印錯的字句，亦予以更正。

（五）為紀念中夏同志，此次再版時特增加鄧中夏同志傳略。

一九四二年五月（解放社）

# 著者申明

本書原定三十章，前三章爲「中國工業的發展」，「中國無產階級的形成」，「中國工人的勞動條件」；後十四章爲「廣東時代極盛期」，「反奉戰爭」，「第三次全國勞動大會」，「上海罷工期」，「北伐期中兩湖職工運動之發展」，「上海三次暴動」，「武漢時代極盛期」，「第四次全國勞動大會」，「國民黨叛變後」，「廣州暴動」，「大革命失敗後的消沉期」，「職工運動的轉機」，「第五次全國勞動大會」，「總結」。但中國革命新高潮之日益高漲，使著者不能不立卽回國，因此，只得把已寫成的定爲上卷，先行出版，前三章也只得日後再補。其餘定爲下卷，將來有暇時再寫。

本書缺乏材料參考，大部分都是憑記憶所及，秉筆直書，脫漏及錯誤之處，在所不免，望讀者加以匡正，以便再版時加以補充和修改。

列寧說過：「與其作文章來論革命的經驗，不如實地做「革命的經驗」更爲有益」。所以著者對於本書雖因未能及時完成引爲恨事，然而却因爲回國參加革命實際工作又引爲莫大的快事。

鄧中夏　一九三〇年六月十九日於莫斯科

# 第一章 原始的職工運動

## 中國勞動者的舊式組織

中國「現代式的」工會運動，是一九二〇年中國共產黨成立以後才開始的。雖然中國勞動者的團體，有它自己的特殊歷史，有種種特殊的形式，但無論如何是不能與「現代式的」工會同日而語的。中國產業工人階級還是很新的階級，大家都知道這一階級只是在歐戰期間因中國工業相當發展才形成。在此以前，中國很少產業工人，主要的都是手工業工人和苦力。因此在工人中也就只有行會，只有幫口，只有秘密結社。我們來說明這三種東西：

### 一、行會

「中國勞動者的組織，從前是一種神權的行會式的組織，這當然都是手工業的組織，其中雇工學徒和業主是混合組織的。業主在這些組織之中，自然是處於絕對的領導地位。這種組織的任務，實際上就是「同行公會」的任務，即所謂生產者對付消費者的組織。例如木匠的組織，大家公約木匠工作的價錢和條件，一致的對付雇主。同時這也是業主對付雇工學徒的組織，大家公約木匠收學徒的條件、學徒的年限等等。這些行會的公約，都請一個神來保證，例如木匠的神，便是魯班（行會的神都是道教的）。雇工和學徒在這種組織之中，只有聽從業主的決定，每年工資或每次工資的多少等等，不過這裏所謂工資，往往在形式上都帶着分紅的性質，而且行會的組織總有業主「團結」自己的雇工對付消費者的幻夢，使雇主和學徒覺得業主的事業和營利，就是自己的事業和營利似的。」（見瞿秋白「中國職工運動的問題」一書）

二、幫口

「再則還有一種會館式的組織，這種組織本是紳士階級的組織。例如北京有各省甚至各縣的會館，每省或一縣的人住在外鄉做事，他們之中最大的紳士官僚就收集金錢，建設會館，準備同鄉人暫時居住的地方，碰着同鄉之中有爭端發生，或者受着外縣人的欺侮，「會館」的主持人物，就要出來調解或者「爭面子」。苦力和勞動者在外鄉做事，當然受不着這麼許多的幫助。但是，因爲苦力和勞動者極大多數是離着家鄉很遠，並且很難找着工作，所以他們自己也有這一類的組織，例如上海工人之中的安徽幫，寧波幫，湖北幫等；這種組織當然不是階級的組織，而是同鄉性質的組織，其中小商人小官吏也有加入的，而且總是頭腦。這也是很自然的——苦力的同鄉組織也要靠「有權有勢」的同鄉（工頭，包探，「有面子的人」）。同鄉的幫口是互相幫助尋找工作，和別幫人爭奪工作的組織。還不僅是一種什麼地方主義，而且是極殘酷的苦力生活的反映，一種特殊的鬥爭方式。實際上這些同鄉幫口，都只是大小紳士的工具。……」（見同上）

三、秘密結社

「中國「下等社會」之中，還有一種組織，便是「秘密結社」性的組織，例如清幫，洪幫，哥老會，三合會等。這樣組織的歷史很長，此地不能叙述。比起同鄉性質的幫口來，這種組織更進了一步，他們有一定的頭目，一定的系統，秘密的暗號等。加入這種組織的人，一定要經過許多神秘的手續。是一種鬥爭的組織，破產失業的流浪生活，使「下等社會」裏的人找着組織方式，互相幫助着反抗官廳的追捕，保護自己的生命；同時也可以爲豪紳資本家利用，去反對自己的仇敵，他們這種組織往往是用武力爭鬥的辦法，打架，械鬥等等。他們的首領，也大半是職業的刑事犯。……這種組織的系統，是極嚴格的宗法社會的形式，「大龍頭」，「二龍頭」，師父徒弟的等分分得極清，紀律極嚴。「下等社會」的組織都模仿着「上等社會」的帝制主義，族長主義。自然他們的羣衆，要變成首領互相械鬥的炮灰和謀利的工具。」……（見同上）

## 最早的罷工

中國工人的罷工鬥爭，無疑的發生很早，辛亥革命的時候，就已經有很多工人參加革命鬥爭的事實，但都已湮沒不可考，我們這裏只來敘述兩個爲老一輩的工人所知道的罷工運動：

一個是一九一三年漢陽兵工廠的罷工。這時中國已經推翻滿清帝制，改建「民國」，黎元洪爲當時的湖北都督。漢陽兵工廠爲中國最大兵工廠之一；卽於此時發生一次罷工。這次罷工的原因，是因爲當時紙幣跌價，工人反對以賤價紙幣發給工資。罷工只數小時，便被黎元洪用武力壓迫而失敗。領導這次罷工的叫做劉某，他是以老君會（一種秘密結社的會名）爲中心，他們的目的在於暴動，但結果這位領導罷工的英雄被處了死刑。現在武漢老一輩的工人尙能記得他。

再一個是一九一五年安源煤礦的罷工。這次罷工的原因，是工人反對一個德國工程師，因爲工頭極端剝削工人，這位工程師却袒護工頭毆打工人，工人大動公憤，相率罷工。主持這次罷工也是秘密結社性的洪幫（哥老會）。結果也被軍隊當作土匪用武力鎮服了，殺了一個工人領袖。

## 辛亥革命後與職工運動有關的政治派別

辛亥革命成功以後，由專制政體改爲共和，當時政黨組織紛紛而起。就中與職工運動有關的有兩個政黨。

（一）無政府黨——首領劉師復，在中國南部宣傳無政府主義，發行刊物多種。他反對孫中山的民生主義，又反對江亢虎的社會主義，攻擊不遺餘力；特別反對江亢虎，出有「伏虎集」。他在廣州首創理髮工會和茶居工會。相傳理髮工會當時有基金十萬元。茶居工會則至今猶存。

（二）社會黨——首領江亢虎，是一個卑鄙下流的政客。當民國成立，選舉國會，江亢虎爲了要多得選舉票，想拉攏工人替他捧場。因此派出黨徒，倡言組織工人團體。據說浦口碼頭工人和北方有幾處鐵路工人，有一部分是被他們組織起來了，民國二年，袁世凱專政，解散國會，江亢虎所組織的工人團體也就曇花一現，無影無蹤了。

除此之外，國民黨中包含各種的派別，就中有譚人鳳組織自由黨，收買秘密會社哥老會的羣衆，即流氓無產階級；戴天仇則在上海辦民權報，亦鼓吹組織勞動黨，但都與職工運動無關。

上述的社會黨，對於工人的影響，自民國二年後就喪失乾乾淨淨；無政府黨對於工人的影響，的確延長十餘年，特別在廣州，一直到一九二五年，還成爲共產黨鬥爭的對手（大革命時無政府黨紛紛解體，幾乎完全投入國民黨，國民黨叛變後，不用說這些分子也做了「助桀爲虐」屠殺工人的劊子手。）

## 歐戰後自發的罷工鬥爭

歐洲大戰後一九一八年，中國曾有一度自發的罷工鬥爭，如在上海日華紗廠便繼續有四次罷工；三新紗廠，上海第二紗廠各有兩次罷工，厚生紗廠有一次全體罷工。其他如英美烟廠、祥生鐵廠、冷作鐵工、滬寧鐵路小工、電車司機，以及手工業工人亦發生零碎罷工。就中尤以黃包車夫的罷工，參加者八千輛，兩三萬人，規模最爲雄偉。其他各地爲蘇州之機織工人，杭州之絲經女工，漢口之筆工等，皆有罷工。此外尚有不少的罷工，可惜報紙失載，我們無從稽考了。

## 五四運動中的愛國罷工

最値得我們注意的，是一九一八年贊助「五四運動」的愛國罷工。什麼叫「五四運動」呢？當一九一九年各帝國主義列强在法國巴黎開大戰後的所謂「和平」會議，這個會議是戰勝國的帝國主義處分戰敗國的會議，亦即重分世界市場的分贓會議，在這會議上中國山東問題也是被處分的一個。先是歐戰以前，德國帝國主義侵略山東，租借青島，建築膠濟鐵路，並取得鐵路附近之採礦權。歐戰起，德國無力東顧，日本帝國主義以協約國資格，乘機攻陷青島，强迫繼承德國在山東的權利。但當時中國既對德宣戰，則德國在山東的一切權利自應完全歸還中國。然而帝國主義列强的巴黎和會，却硬把山東處分歸給日本。此消息傳至中國後，全國震動，羣情憤激，於是首先在北京發生空前未有的羣衆大示威運動。發動此次運動的是北京學生，時爲五月四日，是謂「五四運動」。當日羣衆示威，憤怒之下，放火燒燬親日派交通總長曹汝霖的公館，又毆打駐日公使章宗祥。學生當向政府提出要求：「中國代表拒簽巴黎和會條件」，並「罷免親日派曹汝霖陸宗輿章宗祥三人官職」。政府當然不允，學生再接再厲，六月三日，舉行全城沿街大講演，政府下令逮捕學生一千餘人。消息傳至上海後，上海商人罷市，學生罷課，工人罷工，爲北京學生聲援。

此次參加罷工的：紡織廠方面，有內外棉第三、四、五廠，日華紗廠，上海紗廠，及義袋角日本紗廠數家。金屬業方面，有祥生鐵廠，船塢銅匠鐵匠，江南船塢，銅鐵機器工人，浦東和平鐵廠，鎔利機器廠，札新機器廠等。運輸方面，有滬寧滬杭兩路機師工人，浦江各輪船水手滬南商輪公司等。市政工人方面，有南市電車，英美電車公司，全埠汽車夫，全埠馬車夫，英美德律風公司，中國電線局，清道夫。其他的工人，有亞細亞美孚煤油棧，義袋角大有榨油廠，榮昌火柴第一二兩廠，華昌片盒工廠，華章造紙廠，商務印書館印刷所，英美烟廠，杏禮飯店工人，以及漆匠，泥水匠，如洋行住戶及西人飯店之執業者。總共人數無確實統計，大概有六七萬人。罷工日期參差不齊，有從六月五日罷工的，亦有在十一日才罷工的，十一日已得北京釋放被捕學生和罷免曹章陸消息，於是商人開市，學生開課，工人開工。

其他各地工人參加此次運動不詳，據我們所知道的，京奉鐵路的唐山和京漢鐵路的長辛店是加入了的，他們不僅僅有過大示威遊行，而且還組織了團體，當然還只限於愛國的意識。

「五四運動」發動的雖是青年學生，領導的無疑的是民族資產階級及資產階級的知識分子（大學教授）。民族資產階級領導此次運動，顯然的是因爲這一運動與他自己的利益適相符合；特別是反日更爲他們所絕對需要。當歐戰期間中國民族工業會有一個比較發展時期，因爲歐洲帝國主義那時不暇東顧，減少了中國民族資本的壓迫；但是東鄰的日本帝國主義却於此時在中國與民族工業作猛烈的競爭，因此，中國民族資產階級不能不認日本是他們當前的大敵。這就可以解釋爲什麼資本家對於此次反日的愛國罷工不但不反對而且贊成，不僅贊成而且鼓勵（此次罷工據說有些簡直是資本家命令罷的）。但資本家這種辦法，一方面固然利用工人給了他們的競爭者一個打擊；可是另一方面却也相當的啟示了工人，認識罷工的威力，中國工人階級的政治罷工開始於這一次，後來中國工人階級能發展自己階級的獨立力量與獨立鬥爭，顯然的此次罷工有很大的影響。自然後者是爲當初資本家所不及料的。

這裏還要附帶說到一件事。就是工人是向來爲所謂「上等社會」的老爺先生們所瞧不起的，但在此次運動中工人却表現了相當的力量，於是使得資產階級的知識分子也不得不感覺這是一種力量，自然他們就想要來影響工人歸附於他。首先是北京大學校長蔡元培在北京天安門開破天荒的公開講演大會，題一個題目就是「勞工神聖」。另有一個留日歸國學生黃介民，在上海着手組織工業協會。這一類事實，無疑的是資產階級欺騙工人，爭取對於工人階級的影響的企圖。

當然，還另有一種浪漫的小資產階級的學生，或者可說是急進「民主派」的學生，他們却因在反帝國主義的鬥爭中，感覺到自己孤立，須要找一個共同奮鬥的同盟軍，這一同盟軍在他們的實際經驗中認爲就是新興的工人階級。真的「五四運動」中有一部份學生領袖，就是從這裏出發「往民間去」，跑到工人中去辦工人學校去辦工會。這種小資產階級的學生，自然接近於無產階級，後來趨向於共產主義，以至於加入共產黨。

## 南方工會的發生

南方工會爲什麼首先發生？這裏不能不略略敍說當時的政治狀況。原來辛亥革命形式上雖成功，實際上却因當時革命派與封建勢力妥協而失敗。帝制雖倒，代之而起的爲封建軍閥。當時封建軍閥的代表者就是袁世凱。革命之第二年袁世凱就削平當時革命派各省的政治軍事勢力，而大權獨攬。後來解散國會，再後來帝制自爲，於是當時革命派起兵討袁，而有所謂「護國戰爭」（一九一六年）。不久袁死，起而代之者爲段祺瑞，取消帝制，恢復共和。後來段又解散國會，於是當時革命派又起兵討段，而有所謂「護法戰爭」（一九一八年）。從此南北分裂，國會南遷於廣州，自建所謂護法政府。但既號稱護法政府，政治不能不略取開明，故人民頗有集會結社的自由。南方工人就因此得以組織工會。

這裏須得指出的，就是南方工會，嚴格說來，仍然算不得「現代式的」工會。首先說到孫中山領導下的工人團體，簡直不能算做工會。孫中山奔走革命流亡海外時，曾以鄉誼關係與海洋輪船上之粵籍海員發生不少關係，以救國爲號召，鼓吹海員組織團體，有所謂聯義社羣益社等等組織，這些組織當然不是階級的組織，只是爲了孫中山自己的目的。的確孫中山在南方幾次軍事行動，得到此等團體爲孫中山秘密購買和運輸軍械。再則當時還有謝英伯會大關等發起的華僑工業聯合會，和手工業者組織的廣東總工會，都還不是階級的工會。就是有名的機器工會，也是廣州辦理市政的資本家，利用他們從南洋羣島招來的技術工人組織成的，爲的是好和其他的資本家搶生意，至多只能說是行會工會的「歐化」。這種歐化是很自然的，因爲廣州鄰近香港，香港爲英國帝國主義的殖民地，不免多少渲染英倫職業工會（Trade Union）的影響，香港那時就有這類歐化的行會工會，這種影響於是由香港間接及於廣州。相傳廣州當時共有六十二個工會。

南方工會當時的眞相就是這樣。

# 第二章　職工運動黎明期

## 世界革命高潮

中國職工運動的發展無疑的是受了世界革命高潮的影響。我們這裏不能不略述當時世界革命高潮的形勢。歐洲帝國主義大戰以後，接着就發生了一次掀天動地的世界革命高潮，首先就是一九一七年俄國革命的二月革命和十月革命。俄國無產階級在布爾塞維克列寧黨的領導之下，在最短時間內從資產階級民主革命轉變成無產階級社會革命，並推翻資產階級與地主的統治，建立光芒萬丈的工人國家，這樣一個事實，是如何鼓舞全世界勞動羣衆的興奮呵！從此就開展一個極其猛烈的革命危機時期，尤其是在歐洲各國。如一九一八年三月芬蘭的工人革命，同年十一月奧地利和德國的革命，匈牙利的無產階級革命；一九一九年三月德國巴維里亞蘇維埃的建立；一九二〇土耳其的民族革命，九月意大利工人奪取工廠；一九二一年三月的德國革命。就在遠東，一九一八年八月的日本米荒運動和一九一九年二月的高麗暴動。至於當時歐洲各國的罷工運動，更是蓬蓬勃勃，多至不可勝計，例如英國，從一九一八年到一九二一年四年之內，罷工多至四千餘次，參加人數達到五六百萬人。很明顯的，這樣一個革命怒潮，以其銳利的形式表現出了資本主義制度崩潰的過程。一九二〇和一九二一年世界革命發展到最高度，到一九二三年年底才受挫折而低落，因爲一九二三年的秋天，保加利亞的暴動和德國無產階級革命，都遭到了極大的失敗。

中國職工運動就是在這個世界革命時期發展起來的，因爲革命怒潮導源於俄國，泛濫於歐洲，很快的也就浩浩蕩蕩的衝到遠東，中國的萬里長城堵不住了，中國的工人羣衆被這種潮流驚醒了。

世界革命潮流的消息當時在中國報紙上眞是「日不絕書」的，中國工人的文化程度雖然落後，雖然百分之九十是不識字不能直接看報，然而街談巷議，工人們是聽着的。中國工人經濟生活那樣極人世間少有的痛苦，迎受世界革命潮流，不用說是很自然的；特別是俄國十月無產階級大革命的勝利，更使得中國工人受到深刻的影響和强烈的鼓勵。就在這種情形之下，中國職工運動開始它的黎明期了。

## 中國共產黨的成立

一九二〇年中國共產黨的成立。中國共產黨的成立當然不是偶然的，它是俄國十月革命後中國工人運動的革命產兒。它產生的時期，在國際上，有資本制度崩潰過程中的世界革命；在國內，有資本主義工業相當發展中的原始自發的罷工運動。中國工人階級確已開始趨向於形成一個獨立的社會階級，中國共產黨就在這個階級的基礎上生長起來。中國共產黨一成立，便能表現它在工人運動中偉大的作用。

中國共產黨成立了，中國工人階級從此有了他們自己的政治領袖，開始引導他們走向革命鬥爭的大道。

# 中國共產黨做職工運動的起點

中國「現代式的」職工運動，無疑的是從中國共產黨手裏開始。有了共產黨，然後才有「現代式的」工會，從此中國的工會才漸次的相當具有組織性、階級性以至於國際性。我們這裏來敘述中國共產黨做職工運動的起點。

一九二〇年夏，中國共產黨成立以後，即開始出版工人小報，上海出版的叫「勞動者」，北京出版的叫「勞動音」（後改名仁聲），廣州出版的叫「勞動聲」都是週刊。上海還另外有一個專門對店員宣傳的小刊物叫「夥友」，這幾個刊物大都只出了幾個月便停版了。

組織工人工作是從一九二一年開始。

一九二一年一月一日，北京黨部開始在長辛店開辦勞動補習學校。長辛店是京漢路北段的一個總站，距北京四十里，這裏有一個大工廠，工人三千餘人。張特立（即叛徒張國燾）和鄧中夏同志在上年底到此地與工人接頭，籌劃此地開辦學校，那時還是以「提倡平民教育」爲名。與幾個覺悟工人幾經磋商，經過相當的籌備，遂決定這年元旦開學。這裏要指明的，當時發起學校之中，還拉攏了幾個有力工頭，因爲開始必須得到他們的贊助才行。學校經費是由募捐得來，教員都是用北大學生會名義派去的，先只常駐教員一人，即吳雨銘（叛變）。後來教務發達，增加教員數名，也任用非同志。這個學校分日夜兩班，日班是工人子弟；夜班是工人，但多青年工人，老一點工人不願讀書，這個學校當然只是我們黨在此地工作的入手方法，借此以接近羣衆，目的在於組織工會。果然不到半年，五月一日勞動節，長辛店公然發生了一個中國空前未有的眞正的工人羣衆的示威遊行。參加遊行的竟有一千餘人，並且在羣衆大會上通過成立工會。但工會通過成立，實際上並未切實組織，不用說是我們當時經驗欠缺所致。的確工人的覺悟從此日益發達了，首先表現工人與工頭的鬥爭。上面說過發起學校時還包含有工頭，但是工人覺悟日益發達，於是工人內部便發生分化，工頭表現反動，而工人便和他鬥爭。這種鬥爭是不斷的發生，而且愈鬥爭愈激烈，有幾個工頭竟被工人強迫工廠開除，驅逐出境。這樣一來，工人更感覺得組織團體的重要了。開始組織工人俱樂部。這個俱樂部實際上是工會之變名。爲什麼不叫工會而叫俱樂部呢？工人們說：「工會是工頭共同發起的，現在我們獨立組織了，不要那個名稱，要由另外一個來分別」。這種話從現在看來是可笑的，但即此可見當時羣衆的情緒。眞的，在中國職工運動的初期，「工人俱樂部」這一名稱，相習成風，成爲當時全國各地（廣州除外）工會通用的名稱。

長辛店工人俱樂部成立以後，加入者日益加多，取得羣衆很大的信仰。工人有了團體覺得自己的力量了。譬如以前乘火車自長辛店至北京，照例如常人一樣須買車票，此時都不買票了。調查員詢問時，工人瞪着眼說：「票嗎？我是俱樂部的會員，有徽章在此。」查票員只得一聲不響過去了。

長辛店工人俱樂部成立以後，影響所及，自北而南，蔓延到各站，有好幾處也成立了工人俱樂部，特別是南段總站江岸的人俱樂部組織最强。

此時，共產黨北京黨部出了一個「工人週刊」，主編者爲羅章龍（後來變爲叛徒），介紹國內外勞動消息，並極力鼓吹組織工會。長辛店工人俱樂部一切活動，當然在此刊物上盡量宣佈，這樣一來，使得北方各鐵路工人知道長辛店有個俱樂部，大家不覺油然而生羨慕之心，在當時工人們彷彿覺得長辛店是工人的「天國」，於是各處紛紛派代表前來長辛店參觀。這當然不用說給了我們更好的機會，乘時宣傳，各地代表歸去後也摸仿長辛店組織起俱樂部了。因此，北方各鐵路開始都有了工會組織的萌芽。

共產黨上海黨部在一九二一年亦開始做組織工作，首先在滬西小沙渡。此地是上海紗廠集中區域之一。着手也是開辦勞動補習學校，主持者爲李啓漢同志（犧牲），其影響當然不及長辛店，在中國職工運動史上仍有它的意義。

長辛店和小沙渡兩地都是中國共產黨最初做職工運動的起點。此外共產黨的武漢黨部、湖南黨部、濟南黨部、廣東黨部也開始了職工運動的工作。

## 中國勞動組合書記部的成立

一九二一年七月中國共產黨開第一次代表大會於上海，開始成立中央委員會。大會以後，成立一公開的做職工運動的總機關，定名爲中國勞動組合書記部。主任是張特立，幹事爲李啓漢，李震瀛（脫黨）等。發行「勞動週刊」。勞動組合書記部成立之後，對於上海，確有相當影響，因爲上海工人經過這個機關，也逐漸有了組織了，並且還領導了不少的工人鬥爭。

## 罷工運動之蔓延

在此時期中，全國自發的罷工鬥爭仍不斷發生，間亦有爲共產黨所領導的，總計大小罷工不下九十餘次。這裏只略述幾個大的罷工。

（一）香港機器工人的大罷工。一九二〇年四月，香港機器工人，因米價太貴，生活困難，又因外國資本家常藉口營業衰減，辭退工人，遂宣佈罷工，要求增加工資。參加罷工的五千餘人。結果，由勞資雙方代表談判。計罷工二十五日。這裏須指出，香港機器工人給予香港海員不小的刺激，因而有一九二二年赫赫有名的大罷工。

（二）上海楊樹浦日商紗廠大罷工。先是一九一九年長江下游一帶米糧歉收，但奸商却運輸出口前往日本，因此，上海米價飛漲。日本資本家在楊樹浦所辦的第一、第二、第三紗廠工人，因米價高漲，難以度日，要求每月每人加工資一元，廠方不允，遂於一九二〇年六月二十六日宣佈罷工。結果，由廠方允許每月售與每人最上秈米三斗，不論市價如何，每斗取價八角，至米價平定爲止。計罷工十三日

（三）廣州機匠大罷工。一九二一年六月十四日，廣州機匠萬餘人罷工。要求增加工資，減少工作時間。罷工時與粵漢、廣九、廣三三條鐵路上之機匠一致行動，經當地政府調停，結果，加工資百分之二十至五十，計罷工三日。

（四）上海英美烟廠新舊廠大罷工。一九二一年十月二十四日，因新廠機車間與監工衝突，發生罷工。參加者萬餘人，結果，雙方會議，和平解決。計罷工三日。

（五）粵漢鐵路武長段大罷工。一九二一年十月十三日，發生罷工，要求增加工資，改良待遇。由北京政府交通部調查，結果，工人勝利。計罷工五日。

（六）隴海路鐵路機工大罷工。一九二一年十一月十七日，發生罷工，全路停車。要求撤換洋總管若里，並要求恢復原薪及原發材料。結果勝利。計罷工十日。

（七）漢口租界人力車夫大罷工。一九二一年三月一日，發生罷工。反對車行增加車租。鬧動了租界內五國領事，商量對付之策。此次罷工甚爲壯烈，車夫被捕，乃舉行了大示威遊行，與租界巡捕衝突，以至流血。後經各國領事、商會、基督教青年會、洋車行經理、夏口縣知事，洋務所長等會議，決定兩星期不加車租，再由青年會研究善後辦法，被捕車夫釋放，計罷工七日。

以上七大罷工，上海英美烟廠罷工，中國勞動組合書記部是參加去領導的，漢口人力車夫和粵漢罷工完全爲共產黨武漢黨部所領導的，隴海鐵路罷工，共產黨北京黨部聞訊派人趾往參加則已解決。由此可見共產黨在一九二一年下半年的確漸能領導罷工了。特別是武漢因鐵路工人與人力車夫兩大罷工，開了當地一個新紀元，職工運動從此有一個順利的進展。主持者爲林育南（犧牲）和施洋同志。

## 罷工運動中最早的思想鬥爭

我們這裏首先略述當時中國知識階級的思想鬥爭的概況：

一九一九年「五四運動」以後，中國知識階級思想爲之煥然一新，相率競爲新文化運動，開始尙爲德謨克拉西的宣傳，繼而爲社會主義的研究。後來社會主義的信仰者日勝一日，首先引起資產階級學者的抗議，提出「多研究些問題，少談些主義」（胡適之）以與社會主義信仰者挑戰，於是在北京方面發生所謂「問題與主義」之爭。經過一場激烈鬥爭後，結果，在形式上算是主義派取得了勝利。但社會主義信仰者在當時派別是極爲分歧的：有無政府主義，有工團主義，基爾特社會主義和馬克思共產主義（布爾塞維克主義）。此外還有夾七夾八的什麼傅立葉的空想社會主義，托爾斯泰的無抵抗主義和日本武者小路實篤的新村主義等。因此「問題與主義」之爭以後，接着又是社會主義各派別的內鬨。在此次混戰中，馬克思主義派在形式上曾將各派各個擊破，但無政府主義在中國有最老的資格和相當的深厚的基礎，特別是在廣東，於是就在廣東方面發生馬克思主義和無政府主義之爭。結果，也算馬克思主義派取得了勝利。這思想上的鬥爭，對於當時的工人階級，自然沒有若何的直接的關係，但對於當時從事職工運動的知識份子確有很大的影響，也就經過後者以影響前者。

就職工運動本身來說，只無政府黨在南方工會中有很大影響，其餘各派社會主義者只是清談並未實際參加職工運動，故北方及中部工會中的確多部分或者完全是共產黨的影響。但值得我們所注意的，當時職工運動中却有另一種特殊的現象，不是什樣社會主義，而是市儈的或流氓的工會主義。這種現象在上海特別明顯。你如說當時上海沒有工會嗎？有的是！工會招牌有好幾十，自然羣衆是一個都沒有。這都是市儈和流氓辦的，他們假借工會招牌，在勞資鬥爭起來的時候，招搖撞騙，從內中搗鬼。這種市儈的或流氓的招牌工會，的確是當時工人組織自己階級工會的極大障礙物，也即是中國共產黨的當前大敵。所以在中國職工運動的初期中，共產黨曾有一次反對招牌工會的劇烈鬥爭，這種鬥爭是經過很大的努力才著成效的。

# 第三章　中國第一次罷工的高潮

## 高潮的總形勢

一九二二年一月起開始了中國第一次罷工高潮。這個高潮一直到一九二三年二月才告終結。經過繼續到一十三個月之久，大小罷工當在一百次以上，參加人數當在三十萬人以上。我們先來敘述這個罷工高潮的總形勢。

一九二二年一月，香港海員大罷工是高潮的第一怒濤，接着就是長江海員罷工和上海郵差罷工與日華紗廠罷工。五月，全國勞動大會後，廣州發生機業工人罷工，上海日華紗廠繼續發生罷工，澳門全體華人發生總罷工，於是高潮又起了一個波峯，至六月而低落。七月，漢口鋼鐵廠發生罷工，工潮又高漲，此時勞動立法運動普及到全國，工人階級有了一個目前的鬥爭綱領，更推進高潮上升，首先表現在八月的長辛店鐵路工人罷工，接着是漢陽兵工廠罷工，上海絲廠女罷工。從此以後，因長辛店罷工的勝利，影響波及北方各大鐵路與兩湖，高潮的趨勢更加奔騰澎湃。九月粵漢鐵路武長段再次罷工，京奉鐵路山海關罷工，安源煤礦罷工，漢口揚子機器廠罷工，十月京奉鐵路唐山罷工。至十月末，開灤五大煤礦大罷工，工潮到最高峯。開灤罷工失敗，風潮已開始表示低落的徵兆。上海方面所謂金銀業，日華紗廠，英美烟廠工人三角同盟罷工，就一敗塗地，工潮在上海表示先退。雖然如此，但在北方各大鐵路與兩湖，風潮仍迴旋蕩漾於鐵路方面，十月發生京綏鐵路車務工人罷工，十二月發生正太鐵路石家莊罷工，次年一月發生津浦路浦鎮罷工，次年一月發生花廠罷工，英美烟廠再次罷工。湖南方面發生水口山鉛礦罷工。粵漢鐵路武長段第三次罷工。武漢方面，十一月發生漢口英美烟廠罷工，直到一九二三年二月，京漢鐵路大罷工爆發，發生「二七慘案」，爲這次罷工高潮最後的一個波濤。從此全國罷工高潮，於低落後暫時中國職工運動進於消沉期了。下面我們來分別敘述各個工潮。

## 海員罷工潮

海員罷工，開始於香港，波及於長江，前後約經四個月。香港海員大罷工，我們準備一章詳細加以敘述，這裏只略述長江海員罷工。香港海員罷工勝利後，影響及於長江，於是長江亦起而鬥爭，原因是香港海員罷工爭得的加資條約，上海中國輪船公司不肯履行。寧波海員公所乃派代表朱寶庭到香港要求海員總會派人援助。總會乃派林偉民到上海，着手組織海員工會上海支部，向中國輪船公司提出履行加資條約，資方不允，遂宣佈罷工。招商局和三北公司等約二三十隻輪船加入，時爲三月下旬。罷工堅持兩星期之久，結果勝利。中國勞動組合書記部對長江海員罷工雖未取得領導，確曾加入援助。

## 鐵路罷工潮

在這裏須畧畧提到過去的事，中國鐵路最早的罷工，要算一九二〇年十二月粤漢鐵路南段全路工程部罷工（主因在索欠薪），和於次年三月該路全體車務工人罷工（因軍隊毆打工人），但因偏在南方對北方鐵路毫無影響。對於北方鐵路有影響，當然要算一九二一年粤漢鐵路的武長段罷工，和隴海鐵路機工罷工，我們在上章已敘述到。除此以外，還有這樣的事，即一九一九年京漢、京綏兩路舊交通系職員因反對丁士源將兩路合併爲漢庫路而罷工。一九二〇年京綏路員司因請求發薪致發生衝突而罷職（這些罷職，雖然是上層老爺們的勾當，於工人無若何關係，但這稱爲「罷」的羣衆，却相當印入工人腦中）。

一九二一年中國共產黨從事鐵路工人運動後，開闢了一個新的局面。中國鐵路上早有一種政治集團叫做交通系。以梁士詒、葉恭綽爲首領。北京政府內閣雖屢有更換，但交通總長差不多總是該系充當，該系爪牙佈滿了各鐵路，國家鐵路變爲該系私產。該系在鐵路上的勢力確已根深蒂固。此時剛在直皖戰爭之後，交通系得奉天軍閥張作霖之助，組織內閣，總理便是梁士詒，交通部總長便是葉恭綽。共產黨在長辛店開辦工人學校和工人俱樂部，影響亦日益澎漲，該系豈有不知之理。因此，該系應付共產黨的政策：第一便是由交通部在各路開辦學校以爲抵抗，他們的計劃擬辦學校卅餘所，凡是大站都有。交通部特設職工教育委員會，開辦職工教員養成所，爲實行這個計劃之用。首先該系便在長辛店開辦職工學校，和共產黨的勞動學校恰恰兩相對壘。第二便是交通系指使他的爪牙（員司）以同事同鄉的關係拉攏一部份工人組織團體，如在京漢路之鄭州便組織「交通傳習所」，粤漢路之徐家棚組織「天津同鄉會」。這個團體與共產黨領導的工人俱樂部，又恰恰兩相對壘。最明顯的，共產黨與交通系成了爭取鐵路工人生死仇敵。不用說共產黨如要爭取鐵路工人，首先須將交通系打倒，因此不斷發生劇烈鬥爭。

適逢其會，一九二二直奉戰爭，直勝奉敗，交通系內閣隨之倒台，代之而起的爲直系軍閥，吳佩孚御用內閣，於是交通系的職工教育計劃未能實現。吳佩孚新勝之餘，收買人心，通電發表四大政治主張，其中一項，便是「保護勞工」。吳佩孚知道交通系在鐵路上有長遠的勢力，同時又知道共產黨在鐵路上有新興勢力，於是他就企圖利用共產黨剷除交通系。共產黨當時北京黨部明知道吳佩孚的利用，然而亦樂得相互利用一下，因爲在剷除交通系這一點上對於工人階級是有利的。經過李守常同志向吳佩孚御用內閣交通部總長高恩洪建議每路派一密查員，得其允許，於是京漢、京奉、京綏、隴海、正太，津浦六條鐵路都有一個密查員（守常同志薦去的共產黨員）。這樣一來，第一，我們可以免票來往坐車不用花錢，並且任何同志都可利用免票乘車；第二，六個密查員却有百元以上的薪水，除一定生活費外其餘歸黨。此時，正因職工運動費用支絀，得此不無小補；第三，密查員是各路現任職員最害怕的，因此共產黨員得着護符，不僅不怕人而且使人怕，得以往來各路，通行無阻。這六個密查員，當然不對任何人宣佈，實際上卽是職工運動特派員，主要的是在各路工人羣衆中活動，幫助工人組織俱樂部和進行鬥爭，對於交通部則選擇某地爲工人所最痛恨的交通系的職員，臚列其營私舞弊的罪狀，作成報告送去。再則這六個密查員對交通部雖是有固定的人名，但出發各路可換別的同志，眞的，這樣一來，我們在鐵路上的工作得到順利的發展，差不多六條鐵路都建立了相當的基礎，特別是京漢鐵路沿路都成立了工人俱樂部，共計十六個之多。

現在來說我們當時曾被吳佩孚利用了沒有呢？沒有的，用事實證明是沒有的，就在那個時候，北方各鐵路發生風靡一時的罷工鬥爭，並不因恐遭吳佩孚的疑忌而來束縛自己的行動，後來京漢鐵路大罷工與吳佩孚血戰，更證明我們對吳佩孚沒有任何的幻想和任何的讓步。我們再連帶說到一事，就是奉直戰爭以後吳佩孚想企圖影響工人，甚至於製造自已的肖像徽章發給京漢鐵路北段的工人，說工人幫助戰爭有功。是的，堂堂「大帥」贈送「下等社會」人以徽章，這算是破天荒的第一次。當時確有不少的工人把大帥的徽章佩帶起來，引爲榮耀。我們怎樣辦呢？我們工人宣傳：「吳佩孚也是軍閥，工人佩帶軍閥的肖像，是可恥的」。這樣一來，工人就不佩帶了，有帶着必受同伴的恥笑或摔毀。這可見就在相互利用政策之下，我們自始至終沒有放棄準備和吳佩孚鬥爭的。

這裏必須指出，當時中國共產黨確有一種機會主義的傾向，這種傾向就是現今共產主義叛徒陳獨秀做代表，他當時對於吳佩孚確有很大的幻想，而有所謂「孫吳聯合」的主張。北京方面李守常同志確是同意此種主張的。吳佩孚四大政策之「保護勞工」一項，確是李守常同志經過他的老友白堅武（吳佩孚幕下的政治處長）建議於吳佩孚的。但是這種傾向，對於當時做職工運動實際工作的同志確是不生絲毫影響。叛徒陳獨秀在京漢罷工失敗以後，他在上海用共產黨的名義發表宣言，說什麼「不反對那些開明一點進步一點的較開明較進步的黨派和勢力」採用假仁假義的「保護勞工政策」有時並須幫助這支勢力」，這只是陳獨秀把自己機會主義的觀點全盤托出罷了，於當時職工運動的實際政策毫無關係。

現在要來說到鐵路罷工潮了。

首先是八月二十四日長辛店的罷工，這次罷工是北方鐵路罷工潮的起點。這次罷工參加者有三千多人，支持兩日，斷絕南北交通，雖有軍隊干涉，但工人毫無所畏，終使路局屈服。勝利條件如下：

（一）開除總管郭福祥，另有數人撤革。

（二）工人俱樂部有推薦工人之權。

(三)北段自九月起，中段自十月起，南段自十一月起工人每日加薪一角。

(四)短牌換長牌，從九月起，凡作工過二年者一律改爲長牌。

(五)司機工薪凡遞進至最高工薪者即爲頭等工資。

(六)凡奉直戰爭開車升火工人，應開單候獎。

(七)北京琉璃河，高碑店等處，須蓋立官房，以便開車工人休息。

(八)長辛店酌樂休息官房。

(九)工人因公受傷者，在醫病期內，不得扣薪；並承認在罷工期內不扣薪。

這裏須特別指出的，即中段與南段的工人並未參加罷工，然而罷工勝利的條件，連帶使中段南段的工人亦得增加工資，不消說，這使全路工人發生休戚相關的深刻印象。這就可以解釋統一全路總工會爲什麼首先成爲京漢鐵路工人的迫切要求，以至於爲了成立總工會，不惜與軍閥搏鬥，作最大的犧牲。

長辛店罷工勝利後，很快的就傳染到了各路。

接着就是九月四日京奉鐵路山海關機器廠工人的罷工。火車未停。工人要求斥革工頭，改良生活。結果路局與工人代表會議承認條件，計罷工八日。

再接着是九月八日粵漢鐵路武長段全路的罷工。因監工虐待工人而起，軍警干涉，傷斃並逮捕工人。工人得各路工人及武漢工團之助，結果監工查辦，被捕工人釋放，並承認工人要求，分別加資。計罷工二十七日。

與山海關約定同時並舉的本有京奉路唐山製造廠工人，因準備不及，延於十一月罷工，火車並未停，參加者二千餘人。要求增加工資，改良待遇，承認工會等。結果，相當勝利，惟承認工會一項未得。計罷工八日。

十月二十七日京綏鐵路全路車務工人罷工，參加者一千餘人，亦係要求增加工資，改良待遇。結果完全勝利。計罷工二日。

十二月十五日，正太鐵路石家莊機器廠工人罷工，火車全停，參加者一千餘人。要求與京綏路大致相同，惟多提承認工會，結果完全勝利。計罷工二十一日。

一九二三年一月九日，津浦鐵路浦鎮機器廠工人聯合浦口碼頭工人罷工。南段火車停止，參加者二千餘人，要求大致與上相同，結果相當勝利。

一月六日，粵漢路徐家棚工人罷工，參加者二千餘人，要求增加工資，結果相當勝利。

此外還有一月十六日京漢鐵路劉家廟車站因反對兵士毆傷司工而罷工一日。

最後便是二月四日京漢鐵路全路總罷工，下面第七章再專門敍述，此處不贅。

總起來說，除東三省雲南廣東不計外，北万及中部各鐵路，只滬寧、滬杭、膠濟、南潯未發生罷工。京漢路和粵漢路武昌段均全路加入。京奉路只山海關、唐山兩處罷工，甚至並未停車。無論如何，鐵路罷工潮激動了每個工人的心胸，數千年廳獐自卑的勞動者到此時的確昂藏自負地起來了，也就因此迅速的從改良生活的經濟鬥爭，一躍而到反對軍閥爭取自由的政治鬥爭，這一跳躍的具體表現，就是最後發生的京漢鐵路大罷工（詳後）。

礦山罷工潮

此時礦工罷工的共有三處，直隸的開灤五大煤礦，江西安源煤礦和湖南水口山鉛礦。首先是安源煤礦罷工。安源煤礦爲漢冶萍公司之一部。漢冶萍公司爲中國有名的鋼鐵企業，在大冶取鐵，在安源取煤，運到漢陽煉造。安源有工人一萬二千人，每日可出煤二千多噸，烟煤約七八百噸。共產黨湖南黨部於一九二二年一月在此地設立工人補習學校，主持者爲李能至（立三）同志。過兩月卽籌備工人俱樂部，至五月一日正式成立。七月間漢陽鋼鐵廠罷工勝利消息到後，因其同屬一個產業，故感受極大的影響。遂於九月十三日罷工，株萍鐵路爲該礦專門運煤所築亦同時罷工，在罷工中表示羣衆高度的熱忱與勇氣，經過五日，終使路局屈服，承認工人十三條件，最主要的是承認工人俱樂部有代表工人之權，及增加工資，完全勝利。

十月二十三日開灤五大煤礦罷工，更是光芒萬丈，下面第六章再專門敍述，此地不贅。

繼安源而起的有十二月水口山鉛礦罷工，其雄壯不亞於安源，其條件大致與安源相同，結果勝利。主持者爲蔣先雲同志（蔣同志死於武漢北伐之役，時爲張發奎軍隊團長之一）。

## 武漢罷工潮

在中國第一次罷工高潮於武漢方面發現一個令人不可逼視的狂潮，以工業中心城市的罷工潮而論，當時應首推武漢。

一九二一年冬粵漢鐵路和人力車夫兩次罷工，便預報潮汛之將至。到一九二二年下半年，罷工運動澎湃一時。這裏只敍述幾個大的罷工。

首先是七月漢陽鋼鐵廠罷工。上面敍述安源罷工便已說到漢陽鋼鐵廠是漢冶萍公司之一部，它與漢陽兵工廠是武漢兩大五金工廠。自然在武漢方面有舉足輕重的勢力，這次罷工要求增加工資與改良待遇。該廠有大規模的熔鐵爐，如繼續一星期不升火，便會凝凍作廢，也就因此迫得資本家不得不承認工人條件，故只五日便已解决。接着就是八月十三日漢陽兵工廠罷工，要求增加工資，軍隊干涉，傷工人若干名，斃三名，工人炸毀一部份機器，結果相當勝利。

九月二十三日，漢口揚子機器廠罷工，幫助粵漢鐵路罷工外，並提出增加工資條件，結果亦得勝利。

隨後就影響到輕工業。十月十九日漢口英美烟廠罷工，參加者三千餘人，亦要求增加工資，得到勝利。計罷工十三日。後來因廠方不履行條約，於次年一月作第二次罷工又得勝利。計罷工二十八日。

一月十一日漢口花廠罷工。參加者三千餘人。起因爲廠主反對工人組織工會，工人罷工對付，結果勝利。計罷工八日。

此時局部的小罷工很多。最後就是二月援助京漢鐵路的全市總同盟罷工，包括各業工人，其詳敍於第七章中，不贅。

武漢方面所有的罷工，幾乎全爲當地共產黨所領導，未遇見任何競爭者。

## 湖南罷工潮

與武漢爭輝並美的，便是湖南罷工潮。湖南本非工業區域，比之武漢相差很遠，此地除一個紗場外，尚有造幣場，黑鉛煉廠數家，其餘則有三個大的礦山：安源之煤礦、水口山之鉛礦、和安化之錫礦。

如說共產黨在武漢方面沒有遇着競爭者，那麼，在湖南方面就恰恰相反，劈頭就遇着競爭者——而且是非常强固的競爭者。

先共產黨湖南黨部還未成立之時，便有無政府黨人在此活動，其首領爲黃愛、龐人銓。一九二〇年他們便組織湖南勞工會，兩年以後約有工會二十，會員七千人。

一九二一年共產黨湖南省黨部成立之後，便着手與黃、龐携手合作，眞的，黃、龐那時候曾傾向過共產黨，在他們被殺之前二月確曾介紹過加入社會主義青年團（黃、龐被殺後，無政府黨人爭着黃、龐是純粹的無政府黨，不是共產黨。其實黃、龐不失爲工人階級利益而犧牲的一個有價值的戰士，而無政府黨人後來借黃、龐之死，在外斂錢自肥，以致晚節不終，投降殺黃、龐的軍閥，眞屬可恥）。湖南勞工會的基礎便是那個唯一的紗廠（華實紗廠），一九二二年一月發生罷工。罷工的原因在於工人要求獎金和一個月雙薪。參加者二千多人。華實紗廠實際即政府企業，省長趙恆惕派兵鎮壓罷工，開槍擊傷工人數十名。雖然如此，但工人依然堅持，趙恆惕不得已承認酌給獎金。罷工人雖然勝利了，但他們的首領黃愛、龐人銓却於罷工解決之後，被趙恆惕逮捕，推至瀏陽門外響首黃、龐。要因此便做了爲工人階級犧牲的英雄。

黃、龐被殺後，同時湖南勞工會亦遭封閉，但黃、龐被殺却引起社會的不平。因爲當時湖南省剛剛宣佈省自治，趙恆惕製定什麼省憲，亦曾冠冕堂皇規定人民得有什麼自由權利的條文，這樣一來省憲的假面具完全揭開（本來趙恆惕宣佈自治就只是軍閥割據的護符）。

共產黨湖南黨部便發起「驅趙恆惕運動」。這一運動不僅限於湖南，而且波及省外各埠，影響甚大。

黃、龐被殺以後，職工運動遭一頓挫，所謂湖南勞工會分子皆逃亡在外，但共產黨員却並不跑，在白色恐怖之下做極困苦艱難的工作。過數月後，開始罷工鬥爭，最大的當然是安源煤礦和水口山鉛礦罷工。我們在上面已經敘述過了。總之，一九二二年下半年，是湖南罷工潮最澎湃的時期，手工業工人和苦力幾乎全都罷過工，而且是聯合全市小作坊小店舖的同盟罷工。罷工大半勝利。湖南罷工潮也因京漢鐵路大罷工失敗而歸於停止。

## 上海罷工潮

上海本爲全國工商業中心，但在此種罷工高潮中，却不及內地遠甚。其原因：第一、上海爲帝國主義的大本營，帝國主義在本國已積有百數十年壓迫罷工的經驗，對付中國新生的幼稚的罷工運動自然是優有餘裕。眞的，我們要承認那時眞不是他們的敵手。至於內地，我們固然幼稚，軍閥官僚資本家對於壓迫罷工也同樣沒有經驗，所以當時罷工往往在內地勝利，而在上海則否。第二、上海工人成份比起鐵路工人來，女工童工極爲充斥，如紗廠百分之九十是女工，絲廠則常常是百分之九十九，而且其中有一半是童工。女工童工的覺悟力與戰鬥力當然不及成年工人。那時帝國主義對付罷工最主要策略有三　（一）無論如何不讓罷工勝利，不與工人訂立條約，寧願聽其多罷幾天工，寧願罷工解決後由廠方自動加資，意思就是加資不是由工人鬥爭得來的，而是由於廠方「恩賜」。（二）無論如何不讓工人組織工會。（三）即使有時對工人讓步，但以開除罷工領袖爲交換條件，自然開除工人領袖多以別項美名（「如調工作」，「自動辭職」等）爲欺騙。我們遇着這樣的强敵，眞使我們狼狽不堪。雖然如此，但上海工人階級仍會表現其好身手，仍是屢跌屢起的前進，最明顯的例子，是日華紗廠兩年之內發生八次罷工。我們這裏來敍述一九二二年的罷工潮。

二月上海有兩個紗廠的大罷工。一個是上海第二紗廠，因爲工人家屬送飯時資本家恐怕偷紗，不許入廠，工人大憤，二日起罷工，參加者一千四百多人，計罷工三日。另一個是三新紗廠，工人要求增加工資，十一日起罷工，參加者共六千多人，結果被租界巡捕壓迫而失敗，計罷工二十日。

四月十八日，日華紗廠罷工，參加者三千八百多人，要求加資，結果勝利。

四月十四日，郵差罷工，參加者七百餘人，反對增加保證金及儲蓄金，並要求增加工資，減少工作時間，結果勝利，罷工二日。工人組織工會。

這兩個勝利的罷工，可說給上海工人及附近的工業城市，如蘇州、無錫等處不少的影響，數月之內發生無數的罷工。

全國勞動大會後，五月二十日，日華紗廠又發生罷工，因經紗間要求按件付工資不遂而起。工人組織工會，巡捕拘捕工人，上海南京各團體紛紛援助。結果前一次加資一律有效，罷工期內發二日工資，經紗間女工技精者按件計資，但工人領袖自動辭職，工會不准存在，計罷工十五日。

罷工潮與日盛一日，上海工部局查封中國勞動組合書記部，並逮捕李啓漢同志，罪狀是「煽動罷工」「擾亂秩序」。判處徒刑三月，永久驅逐出租界。帝國主義驅逐李啓漢同志，並不是眞驅逐，而是遞解中國官廳，並按照中國官廳，將他永遠監禁。當時上海護軍使何豐林仰承帝國主義意旨，不加審問，將李同志用鐵手銬送入大獄，時經兩年，百計營救無效，直到一九二四年江浙戰爭起，李同志方始放出來，坐獄最早最苦的同志，要以李啓漢同志為第一人。

六月五日，絲廠女工大罷工，參加者一萬餘人，要求增加工資及減少工作時間，結果被警察干涉。罷工只三日而失敗。

從工，罷工便趨向低落了，最後發生的所謂三角同盟罷工，即金銀業、日華紗廠、英美烟廠三罷工是也。

十月七日，上海金銀業罷工，參加者數千人，要求改良待遇承認工人俱樂部，增加工資，減少學徒年限，廢除包工制等，支持二十七日而失敗。

十月十一日，日華紗廠又罷工，參加者三千多人，要求啓封工會，被軍警壓迫而失敗。

十一月二日，英美烟廠罷工，參加九千多人，要求增加工資，改良待遇和啓封工會，結果，亦遭軍警壓迫而失敗。這三個罷工失敗後，上海罷工工潮遂一蹶不復振了。

## 廣東罷工潮

廣東罷工潮比上海還要落後，其原因是共產黨廣東黨部很弱，而且夾有極大機會主義成分。代表人物即現今國民黨改組派的陳公博。他當時主張「聯陳倒孫」，後經共產黨中央派人前往糾正，開除陳公博及其信從者出黨，自經此事變後，黨部方稍能對外發展，但領導罷工仍屬軟弱無力，廣東自發罷工也有，均無若何結果，大的罷工有兩次，即鹽業罷工和澳門罷工。

五月十二日，廣州鹽業工人罷工，其時爲國民黨政府，中國有名的老外交家伍廷芳爲省長，但此次罷工却是經伍廷芳之手壓迫下去了，甚至於還實行取締工會條例。

五月二十九日，澳門全體華人總罷工。澳門係葡萄牙帝國主義的租借地，此次罷工因西人侮辱中國婦女，有華工見而毆之，被租界地政府拘捕，華人請願釋放，遭炮擊，大憤，全體華人罷市罷工。由廣東政府交涉，但廣東內部不久發生政變無結果，罷工自行潰散。

## 中國勞動組合書記部在罷工高潮中的領導作用

全國罷工高潮的狀況我們已大致敘述過了，現在來敘述當時工人組織的狀況。

首先須敘明中國勞動組合書記部在罷工高潮中的領導作用。

中國勞動組合書記部（以後簡稱書記部）在當時中國工人群衆中的確有很大的威信，在第一次罷工高潮中確盡了先鋒的作用。一九二二年第一次勞動大會（後面第五章還要專門敘述）就是由他發起的，而且在這次大會上通過它爲全國總通信機關，儼然成爲全國工會的總領袖，在大會以後，書記部由上海遷到北京，改爲總部，總主任爲鄧中夏同志。並於上海、武漢、湖南、廣東、濟南設分部，上海分部主任爲袁大時（現已叛變），武漢分部主任爲林育南同志，湖南分部主任爲毛澤東同志，廣東分部主任爲馮菊坡（一九三一年已離開了黨），濟南分部主任爲王盡美同志（現已死）。書記部還往北京，爲的在當時罷工高潮中，北方鐵路做了骨幹，還往便於就近指揮。眞的，書記部當時確成了罷工的唯一領導者，在那樣緊張罷工潮中，書記部的工作不用說是萬分忙碌，差不多天天有特派員派出，追追於火車輪船道中，書記部的總機關報即爲「工人週刊」，其他分部亦有機關報。第一次勞動大會的缺點，在於沒有一個工人目前鬥爭的綱領，書記部是補救了這一缺點，其時適值國會重開，書記部乃發起勞動立法運動，提出勞動法，實際即鬥爭的綱領，並號召全國工會爲此綱領而鬥爭（參看後面第五章），也就因此把全國工人罷工鬥爭的意志統一起來；而同時全國的罷工，差不多都得了書記部（總部或分部）的指導，因此書記部的信仰越發增高起來，有不少的地方罷工勝利後，由工人羣衆提議捐助書記部的經費，即此一端可概其餘了。

## 兩大地方組合與兩大產業組合

在罷工高潮中，固然，多數是先有組織而後罷工，但亦有不少組織成立不到數日便罷工的，或罷工時開始成立組織的，甚至還有罷工前後均無組織的。這樣一個大的缺點，當然是書記部首先須以全力克服的。除在各地幫助工人組織當地工會外，書記部特別注意是促成地方總工會和產業總工會。

最先成立的是武漢工團聯合會，它包括有漢陽鋼鐵廠工會，漢冶萍輪駁工會，大冶鋼鐵廠工人俱樂部，下陸礦廠工人俱樂部，花廠工會，人力車夫工會，香烟廠工會，揚子機器廠工會，武漢縫級業工會，武漢輪駁工會，江岸鐵路分工會，徐家棚鐵路分工會，武昌機器工會，機器縫級工會，蛋廠工會，西式皮鞋工會，武漢電話工會，洗衣工會，武漢調劑工會，建築工會等二十多個工會，會員三萬餘人。

其次成立的是湖南工團聯合會，它包含有粵漢鐵路岳州分會，粵漢路長沙分會，造幣廠職工俱樂部，鉛印活版工會，黑鉛烟廠工人俱樂部，人力車夫工會，土木工會，理髮工會，縫紉工會，筆業工會，安源礦工俱樂部，水口山鉛礦工人俱樂部等等十四工會，會員亦達三萬餘人。

再其次成立的是漢冶萍總工會，包括漢冶萍總公司整個企業，計有漢陽鐵廠工會，大冶鋼鐵礦工人俱樂部，安源礦工俱樂部，下陸鐵廠工人俱樂部，漢冶萍輪駁工會於十二月十日開成立大會。

最後就是籌備成立全國鐵路總工會，這裏有一個困難，即各路工會組織發展是不平衡的。北方京漢鐵路算是沿路經我們的手組織起來了。但京奉則只有唐山、山海關、天津、豐台有我們的組織，關外沒有。津浦路只南段的浦鎮浦口和中段濟南有我們的組織，其餘各站不是沒有組織，便是工頭組織。太安工頭某承交通系的意旨還宣佈成立全路總工會。京漢路則機務車務機器廠分成三部，車務和機器廠有我們的組織，而機務則在交通系走狗之手，隴路上的罷工，本為工頭領導，故工會亦為工頭把持，分化的結果，洛陽完全為我們所有，其餘各站則我們的影響極微。正太路只石家莊，陽泉有我們的組織。道清路粵漢路和株萍路北段則全有我們的組織。其他如滬寧滬杭，全無我們的影響。在這樣狀況下，馬上成立全國鐵路總工會當然時期尚早。開灤大罷工起，書記部召集各路代表開會於北京，本為討論援助開灤罷工，但開會時開灤已失敗，於是討論籌備全國鐵路總工會，當成立籌備委員會。並決定於最短期間內成立各路總工會，然後成立全國鐵路總工會。後來京漢鐵路大罷工便為成立該路總工會而起、「二七」失敗後，全國鐵路總工會之成立遭一頓挫。

自然那時我們在上海和廣東均有這種總組織的企圖，上海是沒有成功，廣東雖然掛起「廣東工團聯合會」的招牌，但實際上沒有基礎。

海員工會方面，香港則因我們南方黨部太弱未能打入，上海雖由李啓漢同志打進去了，旋因被捕，工作也就停頓。

## 工會組織的內容

無疑的在那樣緊張那樣迫切的罷工環境之下，對於組織無論如何是不精密的，又何況那時我們的經驗實在太少。一般的說，那時工會只有上層組織，沒有下層組織，每一工會內大概有一主任或委員長，文書、組織、宣傳、庶務、調查、交際各部。大會，代表會議，委員會議都是有的，但在組織的運用上的確模糊不清。一般的說，工會的秘書，確是我們派知識份子去充當，自然經過工會的同意，這個秘書幫助工會辦事，久而久之，信仰鞏固，往往不知不覺的變成「秘書專政」，這是有的。至於由我們派去的同志充當工會主任，那時還是極少，有幾個同志確因在罷工鬥爭中表現他的勇敢和能幹，爲羣衆所擁護，至選舉時，羣衆便選舉了他，並非黨的委派。

## 工會與黨

這裏我們提出一個嚴重問題，就是我們在當時確做了一個極大錯誤，這個錯誤不在黨與工會的關係，而在於當時做職工運動的同志，未曾在工會中發展黨的組織。最大錯誤是黨的關門主義，大家有這樣的觀念，以爲工人覺悟程度還不够加入共產黨，把許多鬥爭中表現很好的積極分子，都推到黨的門外。介紹個工會會員入黨，常鄭重要經過數月的考察。還有這樣的可笑事，介紹工人入黨必先介紹入書記部，書記部成了工人入黨的經過機關。這樣一來，工會與黨的發展成了非常奇怪的形式，極不相應。自然當時工會中的黨的組織普遍是沒有，只有共產黨員個人，也就因爲如此對於工會的領導，只是個人式的英雄領導，而不是黨的組織領導。後來，「二七」失敗，工會被封，我們黨在工人羣衆中除政治影響外，什麼也沒有了，當然不是偶然的，而是必然的。這個錯誤明顯的是十足機會主義的錯誤　這個遺毒一直到一九二三年，北方鐵路工會還有殘留。

我們已經對於一九二二年的罷工潮流，有了一個一般的敘述，現在可以把當時職工運動裏最大的幾件事，分章的詳細說一下：海員罷工，第一次勞動大會，開灤礦工罷工和京漢鐵路的二七屠殺。

# 第四章　香港海員大罷工

## 海員的生活狀況

中國海員的生活狀況，其最感痛苦的有四：第一，是工資的微薄　普通工資大概在二十元以下，而物價又逐年飛漲，譬如米，一九二二年時，上海增加到百分之一二•五，香港增加百分之一五。因此，海員工資不够單身維持生活，若有家屬更是困苦顛連了。故中國海員中往往有因生活艱難而做偷運軍火的冒險事業。但這種事業，幸而不被破獲，可得微利，不幸而被破壞，本人必須潛逃，否則必須被捕坐監或被殺。第二，是包工制的剝削（粵語叫包工爲「洗馬沙」）。海員中有所謂「館口」，約有三種：一種叫「洗馬沙館」，由包工頭設立，與船東勾結，包攬介紹海員工作。凡找工作者必須賄賂工頭數十元不等，上船作工後，海員工資中抽扣十三元或十五元歸包工頭。一種叫「君主館」，由個人設立，營業性質，亦與船東勾結。凡加入者須納入館費數十元，方有候工資格。在館食宿，由館主收飯錢和徵收其他種種名義用費。介紹工人上船作工，並不按先後秩序輪流，而是由館主個人意志支配，一種叫「民主館」，亦名「兄弟館」，海員合股組織，係公共宿舍性質，自然比較公平。但海員多不識字，故必請知識分子做館中管理先生，此管理先生積久則把持館務，從中漁利，剝削工人。上述三種館口，香港一處便有一百二十餘處之多。自然以前兩種最有勢力，很顯然的，因包工者與船東勾結，海員不經過他則得不到工作；既得工作如不經常報効他，又隨時可以取消工作，因此海員只有忍氣吞聲受包工制的剝削。第三，是待遇的不平等。中國海員與白色海員雖做同樣工作，並不能得同等工資，普通是十與二之比。一切待遇更是懸殊。譬如住房，白色海員，一二人一間房，中國海員則須五六人一間；而且中國海員住房不是火艙附近，便是空氣與光線不足之處。沿海內河輪船大半沒有海員住房，貨堆上、通路傍、煤炭裏，便是他們的臥處。其他凌辱打罵及罰金等酷虐待遇，不可勝計。第四，是失業恐慌。自帝國主義侵入中國以後，手工業與農業破產，沿海一帶，失業農民及手工業工人，羣趨大都市找尋工作，於是大都市裏經常的有廣大的勞動後備軍。船東與包工者恃有此經常的廣大勞動後備軍，得肆無忌憚的對在業海員施行無情的剝削。你如不願受此剝削，就把你擠出於輪船之外。香港一處，海員失業的經常總有一兩萬人。海員失業後，就只有餓肚皮，睡街坊。

## 罷工的準備及其爆發

海員的經濟生活狀況既如上述，基於經濟痛苦，他們就有起來鬥爭的可能，又何況當時世界革命潮流非常兇猛。海洋輪船來往東西洋，他們受此潮流激動，獨得風氣之先，那有不發生階級覺悟的道理？就是內地亦發生不斷的自發的罷工鬥爭，香港機器工人罷工更給海員以眼前的實例。因此香港海員首先便掀起中國第一次罷工高潮的第一怒濤了。

一九二〇年有寶泰辦館者，企圖包攬英國昌興公司輪船的海員僱用權，引起海員的公憤。其時海員中有蘇兆徵林偉民等積極分子，從此便乘機開始從事宣傳與組織。一九二一年三月六日便成立海員工會，定名為「中華海員工業聯合總會」，但中國海員籍貫既殊（最多的是廣東人和寧波人），方言亦異，鄉土觀念幫口觀念又深，當時很難團結，工會依然還是空的。但工會此時已明白，要工會取得群衆信仰必先從小鬥爭做起，於是用工會名義向輪船辦了幾次交涉；如抗議毆打海員，和要求恢復海員工作等，結果皆得勝利，因此群衆對工會的信仰日益加深，而加入者亦漸漸多起來了。不久，工會更進一步提出增加工資的問題，準備大罷工。組織「加工維持團」專辦此事。另組織「徵求隊」「勸進隊」「宣傳隊」「防護破壞罷工隊」「交通隊」以及各種秘密機關；並在廣州設立辦事處，預備罷工後工人回廣州，因罷工後事實上工人必須離開香港回廣州。關於罷工經費亦着手募集。又發出工人生活表及要求條件到各埠各船給海員傳觀，同時並派人到各埠各船報告工會情形及罷工準備情形。另外還聯絡外國海員要求援助；聯絡中國其他運輸工人要求援助；各處工會凡知道地址的便發信要求援助。茲將要求條件列舉於下：

（一）工資十元以下者加五成；十元至二十元加四成；二十元至三十元加三成；三十元至四十元加二成；四十元以上者加一成。

（二）工會有支配工人權（按即職業介紹權）。

（三）僱工合同簽定時，工會有派代表權。

一九二一年九月，工會向資方提出加資要求，資方不答；十一月又提出，又不答；一九二二年一月十二日第三次提出，並申言限二十四小時內答覆，否則罷工。當工會第三次提出要求前，已約定對工會有信仰的輪船海員為領導罷工的中堅。果然不到十二小時，罷工便爆發了。凡香港開往廣東內地的廣州、汕頭、澳門、梧州的輪船，以及到港的英、荷、法、日、美、各國的海洋輪船，齊響一聲，一致罷工。當時數約一千五百人。

罷工實施後香港政府甚爲失驚，因爲這是出乎它的意料之外。當晚便派華民政務司（這是專門管理中國居民的官員，當然是英國人）到海員工會，帶半譏諷半威嚇的勸告，叫海員回船作工，工資將來慢慢商量。工會堅持非答應條件誓不上工，此時羣衆擠滿工會內外，大家高呼罷工口號，華民政務司只得狼狽退回。

次日，罷工海員搭火車回廣州。其他輪船繼續到港，陸續罷工。這種形勢，很快的影響到新加坡、暹羅、上海等口岸。汕頭亦隨卽加入罷工。有些船在半路便罷工，有些船不敢開來香港。一星期之內，罷工海員已達六千五百人。罷工總辦事處設於廣州，於香港設分辦事處，並設秘密機關。汕頭另設辦事處專管汕頭。

## 香港政府的恐慌

罷工之勢既成，香港政府極爲恐慌。一月十六日，宣佈戒嚴令以恫嚇罷工工人。十七日又出一通告，內中提出船主的條件以期緩和罷工。其條件如下表

| 輪船種類 | 海員要求 | 船主的還價 | 相差 |
|---|---|---|---|
| | 百分 | 百分 | 百分 |
| （一）沿海輪船 | 三五・〇 | 一五・〇 | 二〇・〇 |

| | | | |
|---|---|---|---|
| (二) 內河輪船（中國） | 三二·五 | 二五·〇 | 七·五 |
| (三) 其他中國的輪船 | 三二·五 | 二五·〇 | 七·五 |
| (四) 省港澳輪船（英國） | 二五·〇 | 一五·〇 | 一〇·〇 |
| (五) 其他英國輪船 | 二五·〇 | 一五·〇 | 一〇·〇 |
| (六) 瓜哇線 | 一七·五 | 一二·〇 | 五·五 |
| (七) 太平洋線 | 一七·五 | 七·五 | 一〇·〇 |
| (八) 歐洲線 | 一七·五 | 七·五 | 一〇·〇 |
| (九) 澳大利亞線 | 二〇·〇 | 一〇·〇 | 一〇·〇 |

由上表看來，海員的要求與船主的還價相差實在太遠，於是海員不理，銳意擴大罷工。

的確，海員罷工可以致香港於死命，因爲香港是一孤懸海口的一個小島，它的海上轉運業，雖在遠東是首屈一指，但是本地的出產，不能供給五十二萬八千零九十的人口之用，所有一切糧食及一部份日用必需品從中國內地運來。譬如梧州的雞鴨，廣州的猪肉牛肉，汕頭的水果，上海的紡織原料和服裝用品，此類日用品，都得仰海運的供給。海員罷工後，食物就驟形停頓，而物價則突然飛漲，看下表便知。

十三種食物市價表

| 食物 | 一月十日 | 一月二十四日 | 增加百分數 |
|---|---|---|---|
| 米 | ·一三 | ·二二 | 六九·二 |
| 鮭魚 | ·四〇 | ·六〇 | 五〇·〇 |

| | | | |
|---|---|---|---|
| 鱔魚 | .一三 | .三二 | 一四六.○ |
| 鱘魚 | .二四 | .二八 | 一六.七 |
| 龍蝦 | .三二 | .四○ | 二五.○ |
| 蟹 | .三六 | .四○ | 一一.一 |
| 豬肉 | .二○ | .二六 | 三○.○ |
| 羊肉 | .三四 | .四○ | 一七.六 |
| 牛肉 | .二○ | .三○ | 五○.○ |
| 牛肉排 | .一九 | .三○ | 五七.九 |
| 雞肉 | .三四 | .四二 | 三三.九 |
| 雞肉排 | .三二 | .四四 | 三七.五 |
| 鴨 | .二八 | .三二 | 一四.五 |

註　物以磅計　銀以元計

## 香港運輸工人同情罷工

至一月底有香港運輸工人同情罷工的事。當海員罷工時，本擬聯絡其他運輸工會一致罷工，但運輸工會非常複雜，大半由工頭或小買辦做中心，故當時尚意存觀望。後來輪船越停越多，事實上他們已無工可作，經海員工會之活動，不到半月他們就同情罷工了。從前有一兩隻船偷偷摸摸起落貨物逃去，到運輸工人全體罷工，則完全停頓 於是罷工人數增至三萬人以上 此時正值中國舊曆年關 香港形勢更形嚴重。

二月一日，香港政府下令封閉海員工會及其他同情罷工的運輸工會，逮捕罷工領袖和工人，並架大砲對住海員工會，將工會招牌拆去，理由是：「海員工會打算陷本殖民地生命於危險之境」。

## 調停與破裂

香港運輸工人既一致罷工，使香港政府更為困難，對付罷工政策，軟硬兼施既均無效力，不能不出於託人調停之一道。首先唆使華工總會到廣州協同基督教青年會和中國航業公司向海員工會調停。海員工會說：「這次罷工，香港政府不但不居中調停，反而採用高壓手段，封閉我工會 逮捕我工人，野蠻之極！我們只有堅持到底！」這一場調停遂無結果。

華工總會調停既失敗，香港政府又唆使東華醫院用街坊名義出面調停，寫信到廣州請海員工會派代表到香港（東華醫院，乃留居香港的中國紳商之大集團，其名義是一醫院，其實是一社會集團，不用說是一仰承帝國主義頤指氣使的洋奴組織。故在香港頗有政治勢力）。海員工會派了五個代表去，於是東華醫院調停之一幕喜劇便開場了。

此時因香港政府封閉工會，拆去工會招牌，故海員工會的要求首先提出恢復工會為先決條件。紳士們說：「恢復工會是可以，但要改變招牌，添多或減少幾個字。因為香港政府煌煌文告宣佈封禁，你們是知道的，這是政府的威信所關。」海員代表說 「工會招牌——『中華海員工業聯合總會』一字也不能增，一字也不能減，而且要給還原有招牌。」紳士們見話不投機，乃改變態度，說起妙語來了：「你們罷工我們不反對。但你們要顧念現在香港的糧盡食絕，豈不把幾十萬留居香港的中國同胞活活的餓死。」海員代表說：「是的，香港居民將絕食，這是實情。我們早已預計到的，而且早已掛念着的。但是，我們掛念香港居民，而你們却一點也不掛念海員，我們海員老早就有幾十萬要餓死了。我們此次罷工，更苦得要命，天寒肚餓，你們為什麼不會說一句救濟的話呢？」說來說去，不着邊際。海員代表聲言：「增加工資，改良待遇，是天經地義的事。而香港政府反把工會封閉，且把同情罷工的工會也封閉；還要逮捕工人，拘禁領袖，是何道理？你們為什麼只替政府說話？政府既沒道理，你們為什麼不幫助我們。你們若有本事叫政府還給我們工會招牌，就有話可說，否則我們即刻回廣州去。」海員代表立起身來要走。紳士們知難挽回，便說「我們同去華民大人處說情，可以不可以呢？」海員代表表示拒絕，後經紳士再三要求，，海員代表方允許。

到華民政務司後，華民司說：「因為你恐嚇他人罷工，故政府封閉工會，現在不能把工會招牌還給你們。恢復工會可以，但名稱要改。加資問題，你們是知道的，各船情形不一樣，將來或增或減，我們舉出代表按照公道評判，看那船該加，那船該減。」海員代表說：「恐嚇他人罷工，有何證據。用莫須有的罪名，用機關槍拆去我們工會招牌，搶去我們工會傢具，還說我們恐嚇。中國海員罷工是多麼文明啲，你看，香港自罷工後，秩序比前好得多（按意即謂要市面蕭條）。英國煤礦鐵路海員三角罷工。我們中國海員去到倫敦，他們還要我們一同參加。現在我們還沒有邀請各國工人同情罷工哩。說到加工資，如果香港政府主持公道，早就應該調解。我們三次向資方提出要求時，同時通知政府，而政府看不起中國海員，全然不管。因此激成罷工。說到將來舉出代表公道評判解決加資問題，那我們「唔領過的咁嘅啲」（按即不上這個當的意思）。現在的問題很簡單，第一送還工會招牌，第二承認加資條件，我們立刻上工。如工會招牌要改，那麼加資問題也不必談了。」海員表示明天回廣州去，華民司說：「西人商會要找你們談話。」

當晚上海銀行大班，渣甸洋行大班，Wion 輪公司大班等請海員代表談判，非常秘密，不許旁聽，他們問：「你們願意華民司參加嗎？」海員代表說：「有什麼不可以。」華民司亦一同參加。洋資本家說了一套與華司相類似的話，海員代表亦用與答覆華民司相類似的答覆。說到恐嚇罷工一事，海員代表否認，華民司說：「是事實，現在許多願回香港做工，你們強迫他們不許回來。」海員代表說：「省城太遠了。拿香港來說吧，有舘口一百三十餘間，每間總有數十人，爲什麼他們不肯上工？是誰恐嚇他們。」說到加資一事，海員代表說：「找公正人調查評判，我們不能接受，只有說定加多少，大家簽了條約，才是實際。」說來說去，說了幾個鐘頭，海員代表堅持恢復工會給還招牌爲先決條件。他們說這事要請示「兵頭」（按即香港總督，他有統率香港海陸軍的全權，故俗稱之爲兵頭）。一場談判無結果而散。

到此時已是山窮水盡了，香港政府暗使華商總會約海員代表去談話，勸他們明日莫回廣州，等西商請示「兵頭」看有什麼商量？有羅旭初者，香港著名的大紳士，約海員代表到他的寫字樓去，他說：「今天的事你幾人幫助我一下就可解決。」海員代表說：「什麼叫幫助？你不來幫助我們，反叫我們幫助你！」他說：「一切都在你們身上，你們說什麼就可解決。」海員代表已料定羅旭初有行賄的意思，乃說「我們什麼都取決於罷工工人，那能說在我們幾人身上。」說畢不顧他的强留而走了。

第二日華民政務司叫海員代表去，拿出公文來，大意與華民司昨日所說相同。海員代表立即拒絕。說：「工人委託我們要恢復工會還給招牌為先決條案，現既辦不到，帶此公文何用？」既而說：「帶回公文也可以，但我們在此鄭重聲明，並不是接受了公文上的什麼條件。」

香港政府佈置了這一個天羅地網，假使海員代表不得其人，真的，是會落在他們的圈套中的。你不看中國的大紳士，西商大老闆，華民大老爺，從前眼角都不瞧工人的，今則這樣和順與謙恭，甚至於表露行賄的意思，如果海員代表稍一動搖，全盤糟了。然而海員代表卻不激不隨，堅持到底，應付裕如，不能不說是難能可貴。海員代表中之一便是蘇兆徵，說話亦以他為最多。

## 雙方的鏖戰

調停破裂以後，香港政府乃改變了策略，進行破壞罷工。派人到上海菲律濱印度等處召集新工。上海中國勞動組合書記部得此消息後，便糾合寧波海員公所阻止招募新工行動，李啓漢便因此被捕入獄。但在上海所招得來的新工幾百人，經過汕頭時便給汕頭罷工辦事處說服了一大半，一小半到了香港。有幾隻船是給新工開走了，但技術不好，在海上發生了危險。在菲律濱印度招募得來的新工，情形大致相彷彿。海員工會除通電各處工人團體請求制止招募新工外，並派「防護破壞罷工隊」暗殺招募新工者，在香港刺殺梁玉堂一名（行刺的工友被捕，工會替他打官司，一直打到倫敦理藩院，終被判決死刑，絞決）。因此香港政府這一新策略又告失敗。

罷工海員方面的政策，便是更加緊封鎖香港。擴大糾察隊的組織，分派到各海口去，禁止糧食運往香港，到處受農民工人的幫助，甚至小商人和土匪也起來幫助了，此時眞是一粒米都不能到香港，香港糧食更行恐慌。從此雙方對峙的局面更加嚴重。二月中旬罷工的船隻有如下表：

| | | |
|---|---|---|
| 英國 | 八二隻 | 五八・三六八噸 |
| 中國 | 三六隻 | 三〇・一六六噸 |
| 日本 | 五一隻 | 三六・四七四噸 |
| 荷蘭 | 一一隻 | 二七・四一七噸 |
| 美國 | 八隻 | 一四・五二九噸 |
| 挪威 | 七隻 | 八・七九八噸 |
| 法國 | 四隻 | 三・〇五三噸 |
| 丹麥 | 一隻 | 四一・五六噸 |
| 葡萄牙 | 一隻 | 一・一四五噸 |
| 暹羅 | 一隻 | 九九八噸 |
| 總計 | 一六六隻 | 二八〇・四〇四噸 |

這次罷工實在太可怕了，好像時疫一樣，傳染得異常迅速，只要那船上有中國海員，並不要工會的命令，他們便自動的離船上岸。所以各地輪船都認香港好像一時疫區域，不敢開來，或者只在港外稍停便走，或者逕直不停，由西來的直達上海，由東來的直達新加坡或小呂宋。

調停破裂以後，香港其他工人及一般平民對香港政府皆表示憤激而同情海員。先是香港各工會會開聯席會議。議決海員罷工，我們要大家同情援助，如運輸工人同情罷工不能勝利，則我們一致舉行總同盟罷工。海員工會此時便根據此一決議向各工會大肆活動，工會都表同情。但不能立時即罷，因香港一般習慣，工人須到月底才能取得工資，此時正是二月中旬，不能不略等些日子。各工會共派出七個代表，到廣州與海員工會商議籌備一切，並組織「全港同情罷工辦事處。」他們只提出援助海員，並未附加自己條件。

雖然如此，當前却來了一個障礙，就是香港政府得知全港工人準備同情總罷工的消息後，便嗾使機器工會（本名「華人機器會」，是香港政府御用的機關），向工人宣傳說：「海員罷工我們應該援助，海員現在最需要的是經濟援助，我們可以捐款，不必急於罷工。」又說：「海員罷工勢成騎虎下不得背，我們應該援助他們下背。我們可組織「全港工人調停海員罷工會」來援助他們，這才是實際。」這種宣傳居然發生極大的效力。海員工會得此消息後，即派在廣州籌商總罷工的七個代表回港制止調停會之實現。同時海員工會召集大會，宣言：「我們工人若同情就加入罷工，不能說什麼調停，調停就是妥協。」大會一致決議不受什麼工人調停，要香港工人切勿組織調停機關。羣衆異常激昂，高呼「工人兄弟團結一致」「打倒調停機關」口號。此消息在報上佈露流傳香港後，港工人恍然覺悟，取消調停會，並將調停會的招牌和印信打得粉碎。從此便一意準備罷工，毫不動搖了。

二月二十七日，香港政府知全市總罷工就要到來，宣佈歐戰時一樣的戒嚴令，把中國各口岸所有的英國軍艦調集香港，禁止火車通行，加崗巡查街道，離港者要舖保。香港變成戰時狀態；謠言四起，罷工海員率性放火燒了香港三個貯藏糧食的貨倉，於是全市更起恐慌，大有「風聲鶴唳，草木皆兵亡之勢。

但香港政府雖下戰時戒嚴令，然而工人並不害怕，月底領得工錢後，大家收拾被褥乘夜過海，頂備天亮步行回廣州（因火車已停）。郵局、銀行、酒店、茶居、街市（按即菜場）一律罷工，連住家的使役、女僕、廚司、轎夫、園丁以及水底電線工人、山頂電車夫、報館、印刷局、輪渡夫役、餅乾店夥友、麵包工人、公事房使喚人、牛奶房工人都加入罷工。弄得財主佬家裏，飯沒有人燒，火爐沒有人發，小孩啼哭沒有人理，全市關門閉戶，秩序大亂，全港居民都感覺是危在旦夕。然而香港政府総無如之何。只得調遣全部海陸軍警巡查街道，加緊戒嚴。

## 沙田慘殺

十餘萬罷工工人步行回廣州，三五成羣，絡繹於道。行到沙田地方，該處有大隊英國軍警駐紮，禁止工人通過，並開槍向工人射擊。工人非當勇敢，大聲高呼：「不要怕，前進，去嘛去嘛！」一呼千應，聲震山岳，英隊放槍掃射，當時死四人，傷數百人，後因重傷致死者二人，是為「沙田慘殺」。工人被英兵開槍驅散後，有繞山背回廣州者，亦有迷失路途繞回的，也有中途聞訊退回的。但是退回並不上工，散住街上空地或樓房，軍警見三四十人一堆的便槍擊驅散。政府禁止飯店借給成堆的工人煮飯。

香港政府滿擬此項鐵血政策可以奏效，而殊不然，反因此更促起工人憤激，不肯開工，香港居民亦更同情工人。

沙田慘案發生後，罷工海員更形憤激，誓死與帝國主義鬥爭到底。一面督促廣東政府向香港政府提出嚴重抗議，一面通電國內外請主持正義予以援助。

## 罷工海員的精神及其生活

我們這裏要來約略說說罷工海員的精神及其生活。當工會準備罷工時，本已籌備經費，但爲數極微。所得之數不够罷工海員回廣州的火車費。陸續回廣州的海員人數不下五萬人，後來又加上同情罷工的運輸工人和香港工人，其人更衆多了，罷工經費當然拮据萬狀。幸而此時廣東政府每日借出數千元，前後共計約十萬元，罷工經費賴有此源源接濟得以支持（其時廣東的政象是這樣：一九二〇年北洋軍閥發生內訌，而有所謂「直皖戰爭」段祺瑞倒台，而成奉直的聯合政府。南方護法討段之目的既失，於是岑孫分裂，岑去孫來，另建立政府，自爲總統，繼續抗北。但孫之部將陳炯明勢力益大，與孫不睦，孫不得已以廣東交陳而自去廣西之桂林督師北伐。海員罷工時孫陳衝突愈益緊張。陳炯明是知道孫中山在海員中有相當影響的，此次海員罷工，所以他極力表示援助，其用意不用說是在減削孫中山的影響而欲利用之以援助自己倒孫的事業。不然，陳炯明何至有那樣慷慨？罷工海員亦非常明白這個內幕，却利用陳炯明的經濟接濟，而始終未被陳炯明利用去作政爭）。

罷工經費雖每日有數千元接濟，但人數衆多，工人生活仍然是很痛苦。每日飯食兩頓，每頓一毛。除飯食外，什麼都沒有，時值隆冬，只發棉衣一件，後來棉衣買不起，就發給蔴包。工人都在地上打舖，又無被蓋。剛剛此時下雨又多，道路泥濘，工人連鞋沒有穿。冷不過了，只好燒柴火取煖。大家互相鼓勵着說「頂硬上，兄弟！米俾人睇小！」（粵語，按即「堅持到底，兄弟們！不要給人看輕」之意）。只對外省海員（如寧波海員）稍爲優待，住小旅館，有棉被，每日發五分錢買香烟。

廣州罷工總辦事處分總務科、財政科、糧食管理處、糾察隊、宣傳隊、慰問隊、騎車隊、招待處等機關。設立宿舍數十所，飯堂則設海中紫洞艇上。辦事很有條理，頗能照顧全局。罷工開始時蘇兆徵便是總務科主任。後來，會長陳炳生因犯私人刑事被捕，由大會公舉蘇兆徵代理會長。

此時還不知組織俱樂部扮演新劇等，罷工工人無可消遣，不下雨時就舞獅打球。後來在觀音山附近闢修一條馬路，定名海員罷工路。

## 外界的援助

香港工人同的罷工援助，足見其階級同情之深。廣州工人援助亦極踴躍。就是遠在北方的鐵路工人，亦熱烈的援助，京奉、京漢、隴海、正太、京綏等路工人，發起「香港海員罷工北方後援會」。會舉行許多次大會，並發出許多次通電和文告，一面向鐵路工人宣傳休戚相關之義，一面捐款援助海員罷工。最有趣的，是京漢路火車頭上豎起「援助香港海員」的大旗，從北京一直飄揚到漢口，從漢口回轉來又飄揚到北京。這是北方軍閥專制政府下破天荒的英勇的一舉。在國外的華僑捐款也不少。各國工會也有許多電報表示慰問及援助，但均被香港政府扣留。其時廣東有一華俄通訊社，係蘇聯所組織，海員工會和它建立密切關係，每日以罷工消息報告，請其轉達各國。那時海員工會便常致電法國「人道報」——是共產黨的機關報，請其轉告各國工人階級予以援助。

此時中國階級分化還不明顯，小資產階級不用說表同情，就是資產階級，亦有對海員罷工表示同情，竟至以物質相援助的。

## 香港政府的日暮途窮

香港政府對於罷工的策略，先之以欺騙，繼之以壓迫，三之以調停，四之以破壞，最後出之鐵血，然而均不能奏效，至香港全市工人同情罷工後，更見狼狽萬狀，不得已只得令沙面英領事並派副華民政務司到廣州要求廣東政府出任調停。很哀憐的說：「香港幾十萬中國居民沒有糧食，必會餓死；我們白人在那邊並不多呢。」要求海員工會先准香港船來廣州自由採買糧食。海員工會說「可以，你叫船來，但買不到糧食不關我們事。」果然第二日香港用海軍開一船來，但來了一天，一塊肉一粒米都買不到手。叫艇艇不來。他們沒有絲毫辦法，只得把空船開回香港去。

海員工會知道提出解決辦法的時機已到。二月七日召集大會通過下列決議案：

（甲）暫時辦法如下：

一、工人月薪在十五元以下的加百分之四十。

二、工人月薪在二十五元以下的加百分之三十。

三、工人月薪在二十五元以上的加百分之二十。

四、必首先承認後面丁項原則，然後可談暫時辦法。

如果船主承認此項暫時辦法，海員全體即刻復工，由公斷處商議（丁）項決議案。

(乙)公斷處設在廣州。

(丙)公斷處由下列人員組織之

一、廣東政府代表，二、英國總領事代表，三、西船主代表，四、華船主代表，五、海員代表。

公斷處人數，由廣東政府和香港政府商議後決定。這個公斷處有討論解決罷工之權。

(丁)中國海員工會提出下列八條，請求公斷處討論。

一、工人工資在每月三十元以上的加百分之三十，在三十元以下的加百分之四十。

二、罷工之後，復工的工人不能加以任何理由歇業或降職。

三、工資增加適用於現在香港停泊的輪船，和從各埠向香港開駛的輪船。

四、船主僱用海員，須由海員工會介紹，以免經手人剋扣工錢。

五、簽立僱用海員合同時，須有海員工會派證人到場，否則無效。

六、無論海員或海員工會的職員不得因無相當理由遞解出境。

七、加工資日期由一九二二年一月一日起。

八、中國海員復工之後，僱主須加以平等待遇，不得苛虐。

決議之後，電告香港政府，並於(丁)項所列八條之外，再加一條：「恢復中華海員工業總會原狀，及現被封各工會與被禁之辦事人。」

## 罷工的解決

香港政府此時除接受罷工海員的要求外，再也無路可走，七十年來赫赫奕奕的大英帝國主義終於在中國海員的威力之下屈服了。香港政府接到海員工會電報後，叫沙面英領事要求海員工會派代表到香港談判。海員工會派出代表四人和廣東政府交涉員代表一人去香港。香港政府承認組織公斷處。此公斷處屢次在香港和廣州開會，到三月五日，把條件議妥，簽字解決。全文如下：

下列條件經各簽字於條約者同意，認為解決雙方爭執的辦法：

一、茲將一千九百二十二年正月十二號在香港應支之工價，須由一千九百二十二年一月一日起增加如下：

(甲)華人內河輪船　加三成
(乙)其餘華人輪船在一千噸以下者　加三成
(丙)省港輪船公司　加二成
(丁)其餘英人輪船公司（以省區港澳輪船公司之工資為底）　加二成
(戊)沿岸輪船　加二成
(己)來往爪哇輪船　加一成半
(庚)來往太平洋輪船　加一成半
(辛)來往歐洲輪船　加一成半
(壬)來往澳洲輪船　加一成半

二、須訂定一日期，以便各船員一律回船，由罷工日起至一律回工之日止，工金照新定之價折半支給。各船東須用回其船員在其公司之船供職，又如雙方允肯，則安置其在別船供職亦可。如各船同工無席位，則於無席位用他期內，須折半支給工金予他。惟以由一律回工之日起計，不得過五個半月爲限。此項折半之工金款項，另委管理人管理之。

三、各船東允願襄助實行一個新的僱用船員辦法，以便盡量減小一切關於付船員工金之弊病。

關於工資一項，其百分比，結果如下表：

| | 解決條件 | 海員要求 | 相差 |
|---|---|---|---|
| 一、沿海 | 二〇・〇 | 三五・〇 | 一五・〇 |
| 二、內河（中國） | 三〇・〇 | 三二・五 | 二・五 |
| 三、其他中國船 | 三〇・〇 | 三二・五 | 二・五 |
| 四、省港澳（英國） | 二〇・〇 | 二五・〇 | 五・〇 |
| 五、其他英國船 | 二〇・〇 | 二五・〇 | 五・〇 |
| 六、爪哇線 | 一五・〇 | 一七・五 | 二・五 |
| 七、太平洋線 | 一五・〇 | 一七・五 | 二・五 |
| 八、歐洲線 | 一五・〇 | 一七・五 | 二・五 |
| 九、澳大利亞線 | 一五・〇 | 二〇・〇 | 五・〇 |

除上列條件之外，恢復原有工會，釋放被捕工人，沙田慘案死者每人優卹一千元，也答認了。

總而言之，此次罷工算是得到勝利。自一月十二日起，至三月八日止，共罷工五十六天。

## 慶祝罷工勝利

罷工勝利之後，工友們自然欣喜奮發，首先就在廣州舉行慶祝大會，隨後回香港又舉行慶祝大會。會中情形，略而不敍，我們這裏只簡單敍一事，即啓封工會時之盛況。海員工會招牌曾被香港政府拆去，三月六日，香港政府只得明令取消二月一日封閉海員工會的令，工會招牌亦只得恭恭敬敬地給還海員。當重行掛上工會招牌時，罷工全體海員及香港全市工人都來慶賀，人數不下十餘萬人，把街道擠得水洩不通，在高呼「海員工會萬歲」的歡聲雷動中，一致仰着頭，看招牌徐徐地掛上去。爆竹連天，聲震全港。

## 這次罷工的教訓

香港海員此次罷工，其性質雖純係要求增加工資的經濟鬥爭，然而其實際却帶着反抗帝國主義的政治意義，因爲中國航業幾乎全係外國資本經營，中國民族資本，遠洋船一條也沒有，沿海內河船也不及外資公司三分之一。所以中國海員與帝國主義有不可避免的衝突，成了直接的仇敵。這是中國海員鬥爭的特殊意義。

此次罷工勝利的原因，在客觀上當然是當時國內外革命潮流的激盪，是一個利於鬥爭的環境；在主觀上則爲罷工有相當準備，選擇的時機適當（中國舊曆年關），羣衆完全了解並興奮，團結力甚強，領導者聰明而堅決，援助力量有莫大的作用（運輸工人甚至全港工人的同情總罷工），應付策略的適宜（特別是封鎖香港的飢餓政策）等。

此次罷工的弱點，不在於罷工時而在於罷工後，罷工勝利了，一般領袖和陳炳生、翟漢奇之流，由驕傲而至於腐敗，再進而把持會務，盜用會款，變成工賊了，工會變成空虛無力。帝國主義見此弱點故敢把親手簽定的條約悍不履行，實際上勝利條約等於一張廢紙。以致到了後來一九二四年，工人羣衆不能不起來做驅逐工賊運動，而把蘇兆徵（罷工勝利後仍回船作工）從船上叫了回來整頓工會，方逐漸恢復舊觀。但勝利條件帝國主義却至今仍未履行。

雖然如此，此次罷工在當時總算是勝利的，它的影響，及於全國，所以它在中國職工運動的歷史上的意義便特別重大了。

這次罷工還有另一結果，就是影響廣東政府把中國刑律中關於罷工治罪之條文明令取消。

# 第五章　第一次全國勞動大會及勞動立法運動

## 第一次全國勞動大會之召集

中國共產黨見當時罷工高潮之到來，認爲有召集一次全國勞動大會的必要。於是用中國勞動組合書記部的名義發起召集。共產黨召集此次大會的原則是這樣的：不分何黨何派，只要是工會便邀請其參加。一九二二年四月十日，便發出通告，一面登報，一面發公函，邀請全國各工會派代表到廣州，於五月一日開會。通告上宣佈此次大會的目的凡四：

(一)紀念五一勞動節；

(二)融合並聯絡全國勞動界之感情；

(三)討論改良生活的問題；

(四)討論各代表提案。

## 大會情形

此次到會的代表共一百六十二人代表十二個城市，百餘工會，二 七萬會員（這個數目有些誇大）。代表當然以廣州香港兩地點爲最多，因其近便，佔全體百分之八〇。其來自北方及長江一帶者，據記憶所及，鐵路方面有長辛店、江岸、隴海、粵漢北段各工會，礦山有開灤、安源各工會，城市方面有上海、武漢、長沙、濟南、太原、江西等各處工會。

五月一日，勞動大會全體代表偕同廣州市工人羣衆數萬人舉行示威大遊行，領頭的一面大旗便是「中國勞動組合書記部」。巡行到第一公園，開大會，羣衆極爲熱烈。當晚勞動大會開幕。

大會代表成分非常複雜，就其大者而言，有共產黨派，有國民黨派，有無政府黨派，有毫無主義和信仰的市儈的或流氓的招牌工會派，甚至還有工商合組的團體。在這樣一個複雜成分的大會中，不消說會要發生衝突。就在舉行開幕那一次會上，爲了主席團名單的問題，便發生了劇烈了鬥爭，幾乎把大會搗亂。主席團名單是共產黨擬定而由一建築工會的代表提出。這名單之中，共產黨爲了拉攏各派，故各派都有人在內。就中有謝英伯的名字。謝英伯隸屬國民黨，爲一無聊政客，但此時他爲廣州互助總社社長，該社確已包括有幾十個手工業工會，舉爲主席團之一，確也應當。可是就因謝英伯的問題引起很大的糾紛，特別是無政府黨人，那時反對「在朝」的國民黨，更反對政客式的謝英伯，他們提出理由，却是從另一方面說話，主張根本不要主席團；本來「主席團」這個東西是新從蘇聯搬去的，中國開會舊例只有一個主席，沒有什麼主席團，因此不爲大會羣衆所了解，而無政府黨就利用這一點企圖搗亂會場。爲了主席團名單問題，爭辯數小時，無結果而散。

但是共產黨在大會中是有威望的。共產黨的基本力量，就是北方及長江一帶的工會代表（只江西和上海少數代表除外），人數雖少，却是外省來的，因此引起廣州香港代表相當的尊敬。再則共產黨在當時確尙非各派反對的目的物。所以大會場的佈置，完全赤色，二大口號，就是「打倒帝國主義」

「打倒軍閥」「中國共產黨萬歲」，各派均未提出異議。也就因爲共產黨在大會中有極大的威望，主席團名單問題，後來成了不解決之解決。由一個共產黨員主席到底，各派均無異言。

主席團問題雖然是不解決之解決了，但大會過程中却在別種問題上仍是不斷的發生衝突。就中有一個問題就是五月五日爲孫中山就大總統週年紀念，國民黨工會代表提出全體到總統府慶賀。共產黨工會代表主張自願者去，無政府黨工會代表根本反對，引起一場其勢洶洶大爭論，結果，還是照共產黨的主張通過。本來國民黨當時所需要的只是這個「面子」問題，那時國民黨並未注意這個大會，因爲國民黨那時根本只看見軍事勢力，而未看到民衆勢力。那一天討論時，國民黨工會代表甚至暗懷手槍入場，這可見他們如何有決心爭取這個「面子」啊。國民黨工會代表之所以如此決心，當然有他的背景，因爲引領工人去慶賀，可以在孫中山面前邀功，做獵官的階梯。

大會一共開了六天，會場上雖常發生衝突，但大體總算順利過去。大會上給了工商組合團體的代表一打擊，因爲實際上他是資本家，雖則是小，所以當他登台發言時，工人們指着會場的懸額說：「這裏明寫着「工人講壇」不是商人講壇，請下來吧！

此時工會確還沒有外化，廣州、香港工會分明包含許多極壞的成分，然而那時他們對於外省來的代表確是「相敬如賓」，故在大會的數天內，每天晚上都有幾起歡迎勞動大會代表的茶會、宴會或演劇。比方現在最反動的機器工會和廣東總工會，那時也是極其客氣的。而且每次歡迎席上總是請中國勞動組合書記部的代表及外省來的代表提前演說。但這裏也有一個例外，就是海員工會的歡迎席上，前十名都請的是國民政府要人演說，記得輪到鄧中夏時，已經是十三名了，其餘工會代表簽了名而竟不被主席邀請。海員工會在五一節那一天在海旁街口紮了一座雄壯奇麗的花牌樓，左右一付對聯，就是「擁護三民主義」，「實行五權憲法」，這次歡迎會是用西式大餐，滿屋懸掛青天白日旗。這些事實，都可看出那時海員工會對國民黨信仰到了如何程度，這是很自然的，因爲海員罷工當時的確得國民黨政治上和物質上切實的幫助（請參看第四章），於是也就把階級意識模糊起來了，又何況當時會長便是現在爲全體海員痛恨的著名的工賊陳炳生，歡迎會上不把工人代表放在眼裏，自非偶然。同時在另一方面，也可以證明當時共產黨對於海員工會的影響又是如何的薄弱！

（還有一點須補說的，國民黨員在歡迎席上宣傳說：「勞動大會能在廣州自由開會，這就證明只有國民黨才給工人以自由。」當時我們的答覆是「自由是天賦的，不是甚麼人給我們的。」這種見解現在看來雖覺可笑，然而也可見當時共產黨與國民黨爭取工人影響的鬥爭。

## 大會決議案

現在我們來說到大會決議案了，可惜的很！原文完全毀失。憑能記憶的寫在下面。

大會決議案共九個：

（一）八小時工作制案（中國勞動組合書記部代表李啓漢提出）

（二）罷工援助案（同上）

（三）工會組織原則案（京漢鐵路長辛店工會代表鄧中夏提出）

（四）剷除工界虎倀案（上海機器工人聯合會代表許白昊提出）

（五）統一全國工會旗織及徽章案（提出人未詳）

(六)規定黃、龐死難日爲紀念節日案(湖南勞工會代表提出)
(七)規定海員罷工沙田烈士死難日爲紀念節日案(香港海員工會代表蘇兆徵提出)
(八)明年五一節在漢口召集第二次勞動大會案(大會臨時動議)
(九)在全國總工會未成立以前承認中國勞動組合書記部爲全國總通訊機關案(大會臨時動議)

這些決議案一望而知不是太局部,便是太技術,然而當時大會的代表的智慧確只有此限度。不過其中須指出的,就是罷工援助案,工會組織原則案,剷除工界虎倀案,成爲大會最熱心討論的問題。這是很明顯的,在那樣罷工的高潮中,這三樣東西都是工人羣衆所迫切需要的。

三案的內容大致如下:

罷工援助案,理由之外,臚列具體辦法:(一)凡每地罷工發生,須通知各地工會;特別是中國勞動組合書記部須負此通知責任。(二)各地工會得到罷工通知後,就須廣爲宣傳,通電慰問,捐款援助;並致函該罷工工廠資本家,威責其接受罷工工人條件;又各致函各地官廳,責成催促罷工工廠資本家從速解決。(三)如罷工工廠資本家執迷不悟,先由附近及有連帶關係之工廠舉行同情罷工;如不解決則舉行當地全市總同盟罷工;再不解決,舉行全國總同盟罷工。這些援助辦法在今日看來雖有可議之處,但確爲當時大會代表討論的結晶。

工會組織原則案,主要的是確定工會組織以產業組合爲原則,只手工業工人方能斟酌採用職業組合。這個原則成爲後來中國革命工會組織的根本觀念。中國革命工會一開始就依次成立以產業爲標準的組織,比之西歐工會還有一日之長,當非偶然。

鏟除工界虎倀案，什麼叫「虎倀」呢？中國有一故事：「人爲虎吃，這人的鬼魂須爲虎效勞，爲他另找一人給虎吃，然後才能逃生。這鬼魂就叫做『倀』，譬喻一個人替惡人效勞，叫做『爲虎作倀』。當時還沒有工賊這一名稱，其實「工界虎倀」就是工賊。這案的內容就是規定如何對付壓迫工人和破壞罷工的工賊。

## 這次大會的成功

這次大會的成功，無疑的引導工人階級開始走向全國團結的道路，雖然這次大會有極大的缺點，但無論如何它給予全國工人的影響是極其巨大的，我們只看大會以後，中國罷工高潮便發展到最高度，就可證明。

這次大會之另一意外的成功，就是中國勞動組合書記部地位的抬高。大會通過「在中國全國總工會未成立以前，中國勞動組合書記部爲全國總通訊機關」案，事實上便是公認它爲全國唯一的領袖。再則每個決議案差不多都有「大會委託中國勞動組合書記部如何如何」字樣，根據這些決議案，實際上中國勞動組合書記部已有指揮全國職工運動之權。

## 勞動立法運動

第一次勞動大會最大的缺點，就是沒有準對着罷工高潮製定一個目前鬥爭綱領，彌補這一缺點，則爲七八月中國勞動組合書記部所領導的勞動立法運動。

我在第三章便已說過，從一九一八年起，廣東便已建立與北京對立的政府，以護法爲號召，遷國會於廣州，從此南北分裂。一九一八年後，南北政府雙方都發生不少的政變與戰爭，此地當然不能詳細敍述，只能略述一九二二年即罷工高潮時的政治狀況，那年夏天，南北皆發生戰爭，北方爲奉直戰爭，南方爲孫陳戰爭。奉直戰爭的結果，張作霖失敗，吳佩孚宣言恢復國會，孫陳戰爭的結果，孫中山被逐，陳炯明宣言取消南方護法政府；因此，國會在廣東不能立足，應吳佩孚之召，重回北京，而有所謂「法統重光」的滑稽劇。國會重開，進行制憲，其實這些豬仔議員，那裏能够制什麼憲法！但他們既已進行，那麼我們就不能不利用，故中國勞動組合書記部乘時號召全國工會舉行勞動立法運動。

## 勞動法大綱

書記部擬定勞動法大綱如下：

（一）承認勞動者有集會結社權。

（二）承認勞動者有同盟罷工權。

（三）承認勞動者有締結團體契約權。

（四）承認勞動者有國際聯合權。

（五）每日晝間勞動時間不得超過八小時，夜工不得超過六小時，每星期應與以連續四十二小時的休息。

（六）十八歲以下的男女工人及劇烈勞動之勞動時間，不得過六小時。

（七）禁止超過法定工作時間，如有特別事故，須得工會之同意，方可延長之。

（八）農業勞動者之工作時間，雖得超過八小時，但對於超過時間之工資，須以八小時制爲標準而計算之。

（九）以法律保障農民（不掠奪他人的勞動者）之生產品價格，由農民代表提出，以法律規定之。

（一〇）劇烈有害衞生及法定外之工作時間外之勞動，不得使十八歲以下之男女工人爲之。

（一一）對於需要體力女子勞動者，產前產後予以八星期之休假，其他女工應予以六星期之休假，休假中工資照給。

（一二）十六歲以下的男女工人不得僱傭。

（一三）爲保障勞動者最低工資計，國家應制定保障法；制定此項法律時，應許可全國勞動總工會代表出席，公私企業或機關之工資均不得低於最低工資。

（一四）各種勞動者有由產業工會或職業工會選舉代表參加政府之經濟機關、企業機關、及政府所管理之私人企業或機關之權。

（一六）國家對於全國公私各企業，應設立勞動檢查局。

（一七）國家對於勞動者，應予以完全參加勞動檢查局之權利。

（一七）一切保險事業規章之訂立，均應使勞動者參加之，俾可保障政府、公共，及私人企業或機關中，勞動者所受到的損失，其保險費完全由雇主或國家分担之，不得使被保險者担負。

（一八）各種勞動者，一年勞動期間中應有一個月之休假，半年中應有兩星期之休假，其期間有受領工資之權。

（一九）國家以法律保障男女勞動者享受補習教育之機會。

## 勞動立法運動之擴大及其影響

書記部以勞動法大綱通知全國工會，並號召其進行此項勞動立法運動。首先影響的是唐山鐵路、礦山、紗廠、洋灰廠各工會，組織「唐山勞動立法大同盟」，爲大規模的示威大遊行，並通電全國各團體及國會，要求通過書記部提出的十九條勞動立法大綱。繼起者爲鄭州鐵路工會，促電全國工會一致進行，並電國會，謂書記部提出的勞動法大綱爲㈠等工人最小限度的要求，務須完全採入憲法中。長沙亦舉行勞動立法大會，並組織勞動立法的大同盟。其他各處均有大同小異的運動，皆電國會一致要求，與書記部遥相呼應。

書記部見各處勞動立法運動已發展，乃召集北方鐵路工會代表到北京開會，並招待國會議員和新聞記者，作廣大的宣傳。

其時因吳佩孚通電中有「保護勞工」一項，於是國會議員亦有借此投機者提出保護勞工法案，當然他們所提出的與書記部提出的恰恰相反，書記部遂於招待國會議員席上作無情的批評，特別是工人代表的發言，辭色俱厲，以致議員不得不當面謝過。

但國會議員歷年來的無惡不作，聲譽狼藉，早爲全國人民所齒冷。此次宣言制憲，無非爲恢復已失之聲譽，根本就無意制憲，書記部所提出之勞動法當然不能望其通過。雖然如此，而這十九條勞動法大綱却深入了工人羣衆之中，變成了罷工高潮中鬥爭的綱領。

# 第六章　開灤五礦大罷工

## 開灤礦工的生活狀況

開灤五礦大罷工，是中國第一次罷工高潮中最主要的罷工之一個，所以我們特別提出來加以敍述。

中國採用新式技術開採礦山，就是從開灤開始。一八七八年（光緒四年）開灤便已開工。此礦起初雖係中國政府獨立經營，但後來因資本關係，借貸英款，變爲中英合辦，實際上也就變成隸屬英國帝國主義的一個企業了。

開灤係唐山、趙各莊、林西、馬家溝、唐家莊五礦而成，全年約產煤四百餘萬噸，佔全國煤的產額百分之二十。礦工共約五萬人。

礦工的生活狀況：工作時間雖名爲八小時，實則十六小時，因爲工人必須連作兩班，方能維持生活。甚至有這樣的情形，礦工在井下工作有繼續一星期不出的。中國礦山大抵都採用包工制，開灤當然不能例外。工人都在包工頭之下作工，因此，工人雖賣勞力，不能與資本家直接交易，中間還須經過包工頭之剝削，如井下工人，礦局所給工資每人每日可合銀洋二角，而包工頭給工人的，則每人每日只可合銅元二十枚（中國錢換市價，銀洋一角可換二十枚至三十枚）。包工頭從工人工資中剝削一半以上。再則發給工資時，又得剝削其尾數，如工資一元以上只給一元，其尾數被扣去，如不上一元者則偷以不足數之銅元付給之。他如歇工扣伙食，誤事罰工資，重利盤剝等事，無所不有。包工頭還公開放賭，工人往往在井下連續工作一星期所得的工資，不到半日便輸光在賭博場上。不賭又不行，因爲包工頭可以借故開除不賭的工人工作。包工頭經常借錢給工人賭博，利息特重，因此每個工人都負債纍纍，無法脫離包工頭的利爪。工人因公致死者卹金二十元，但死馬一匹須損失六十元，所以該礦有「人命一條不如一馬」之諺。其他凌辱打罵，更是不用說了。

## 罷工的爆發

開灤礦工以前亦曾因不堪其苦發生過小小鬥爭，但都是旋起旋滅。一九二二年的罷工高潮，必然激盪了開灤礦工，特別是唐山、山海關兩處鐵路工人罷工的勝利，爲他們所目見的事，於是引起他們迫不及待的要求罷工。

十月十六日，礦工聯名向礦局提出要求。其重要條件如下：

（一）工人每月工資在十五元以下的加百分之三十，在十五元以上的加百分之二十，在五十元以上的加百分之十。

（二）每年年底每一工人應得一個月花紅。

（三）工人服務滿二十五年的應另加一個月花紅。

（四）工人在僱期內受傷不能工作，應由局中担任醫藥費，並酌貼津貼。
（五）工人在受僱期內死亡，應由局中給以五年工資之邮金。
條件提出後，礦局拒絕，工人大憤，於是召集大會，繼續提出兩條：
（一）工人現時正在組織俱樂部，應由礦局承認。
（二）非經俱樂部贊同，礦局不得開除工人。
這樣形勢愈趨嚴重，礦局爲緩兵計，於二十日宣佈無論礦局直接僱用或包工僱用之工人，每月工資在三十元以下的增百分之十。工人不滿意，於二十三日首由唐山、趙各莊、林西、唐家莊四處同時罷工，二十六日馬家溝亦罷工。整個開灤煤礦都陷於完全停頓的狀態，開前所未有的創舉。

## 礦局門首的喋血

罷工開始時，礦工聲勢甚壯，當組織糾察隊，巡邏要地，維持秩序，並監視破壞者之私自復工。中國勞動組合書記部有兩個特派員在此指揮，唐山鐵路、紗廠、洋灰工人皆起而援助，交通大學學生亦罷課上街募捐。

礦局方面，除有英國兵艦調集印度兵到唐山鎮壓外，並由天津警察廳楊以德調派保安隊馳赴唐山，於是宣佈戒嚴，如臨大敵。二十五日，工人集體礦局門首示威，高呼「打倒資本主義」「要求經濟解放」。軍警開槍射擊，當場死數人，傷五十人。登時解散工人糾察隊，封閉工會，鐵路，紗廠，洋灰各工會也同時被封，並嚴厲禁止工人開會。開始逮捕罷工工人領袖，書記部特派員彭禮和（犧牲）同志亦被捕。

## 罷工工人的堅持

屠殺發生以後，罷工指揮機關不能在市內生存，乃移於附近農村；同時罷工領袖發生恐慌，甚至罷工總領袖不久便捲欵潛逃，因此，罷工失其領導。書記部當時有一錯誤，即未多派得力同志前往，固然當時因各地罷工紛起，到處需人，應付實感困難，但無論如何開灤罷工關係至鉅，就有如何困難，亦應多派得力同志前往才對。自罷工總領袖潛逃後，書記部特派員大感困難，重新提拔新領袖，一時又來不及，但領導雖失，工人羣衆却非常堅持，他們並不因喋血而氣餒，只看當時竟無一人私自復工，便可証明。

## 最後的失敗

開灤罷工事前毫無準備，事起倉猝，罷工經費當然沒有。書記部在北京方面借欵，一時不能到手。罷工人數又多，每人發一角，每日便須五千元。罷工工人忍飢受餓，一直堅持到二十日之久，最後由當地軍隊師長和灤州縣知事出面調停，其結果如下：

（一）工人每月工資在十五元以下者加百分之十。

（二）每年年底加給半月工資。

（三）工人在罷工期內受傷不能工作者，由礦局担任醫藥費，並酌給津貼。

這個調解條件當然與罷工工人原來要求條件相去太遠，但罷工曠日持久，的確工人再不能支下去，不得已於十一月十六日方始忍痛逐漸復工。

書記部對於此次罷工的確異常重視，會召集全國鐵路工會代表到北京會議，擬以全國鐵路總罷工為開灤聲援，但等到代表到京，開灤已最後失敗，來不及了。

## 這次罷工的教訓

這次罷工的失敗，客觀上當然是帝國主義軍閥協同出兵以鐵血鎮壓，使罷工不能不失敗，但這仍非失敗主要的原因，主要原因還在主觀上的錯誤，舉其大者如下：

（一）準備太不充分：這次罷工是被當時罷工高潮所刺激，工人們迫不及待而宣佈罷工的，因此，一切最低限的罷工必需條件，都未準備，如工會就是在罷工前數日才組織的，關於罷工經費，事前更是作夢也想不到。

（二）組織太糟糕：領導機關只有一個上層組織。開灤五礦距離數百里，豈是一個機關所能指揮？最低限度至少每礦須有一個指揮的機關，那時沒有，其他可知了。

（三）領袖非人：其時罷工總領袖本一投機分子，未有任何鬥爭經驗，我們當時未能於廣大群眾中選拔多數積極的幹部份子，以致領袖一跑，便難於為繼。

（四）罷工經費不足：礦工生活既苦，那有積蓄，罷工下來，如無金錢接濟，便只挨餓，這一點是對於礦工罷工更要留意的。

# 第七章　京漢路大罷工—二七慘案

## 總工會籌備的經過

京漢鐵路大罷工是中國第一次罷工高潮的最後一個怒濤。這個罷工顯然爲中國職工運動開了一個新的階段——從改良生活的經濟鬥爭轉變到爭取自由的政治鬥爭的階段。這次罷工有莫大的歷史意義，共產國際當時致中國鐵路工人書中說得對：「確實說，你們的行動，是已經走到世界無產階級的隊伍裏」，中國工人階級從此在世界革命的場合中，做了一員能爭慣戰的戰將。我們這裏將這個光榮的罷工加以敘述。

這個罷工是爲成立全路總工會而起，我們提前略略敘述總工會籌備的經過。

一九二一年以來，京漢鐵路各站工人陸續組織分會（當時都叫工人俱樂部），到一九二二年底，全路各站皆組織就緒，共得十六個單位——長辛店、琉璃河、高碑店、保定、正定、順德、彰德、新鄉、黃河、鄭州、許州、郾城、駐馬店、信陽州、廣水、江岸等處，組織的原則是這樣，每站工人過百人以上的即組織分會，不足百人的則隸屬於附近分會，四月九日，在長辛店召集全路代表開第一次會議，籌商組織總工會，決定先整飭和劃一全路的組織。八月十日在鄭州召集全全路表開第二次會議，成立總工會籌備委員會。長辛店罷工勝利，更促進工人對於成立總工會之迫切要求。一九二三年一月五日，籌備委員會在鄭州開第三次會議，認爲全路組織確已統一（此時即交通系御用的「交通傳習所」亦自動取消，原有之百餘工人悉數加入工會），成立總工會之時機確已成熟。當即草定總工會章程，並決定二月一日在鄭州正式舉行成立大會。

附錄京漢鐵路總工會章程草案

第一章　宗　旨

第一條　本會定名爲京漢鐵路總工會。

第二條　本會的宗旨是：（一）改良生活，增高地位，謀全體工人的利益，得到共同幸福；（二）聯絡感情，實行互助，化除地域界限，排解工人互相的爭端；（三）增進知識，喚起工人的階級自覺；（四）聯絡全國各鐵路工人，組織全國鐵路總工會，並與全國各業工人和世界工人建立密切的關係。

第三條　本會地址設鄭州，於長辛店，江岸，設總工會辦事處，總工會及其辦事處的地址，得由執行委員會隨時議決遷移之。

第二章　會　員

第四條，凡京漢鐵路的工人，不分司機、升火、機匠、學徒、小工等名目；不分車務、工務、機務等職務；也不分老少、地域、國籍的差別；只要贊成本會宗旨，遵守章程，繳納會費，服從本會及所在地分會命令者，皆得爲本會會員。

第五條　凡京漢路的下級員司，欲加入本會者，須得兩個工人會員的介紹，及所在地分會執行委員會的通過。

第六條　凡眞實熱心贊助本會的人，在某站分會執行委員會的通過，或經總工會執行委員會的直接認可，均得爲本會名譽會員。

第七條　本會會員之權利如下：（一）會員對於本會有發言權，有表決權，選舉和被選舉權；（二）本會謀得的一切利益，本會會員均有享受之權；（三）會員得享本會一切教育機關（如學校、講演、書籍報紙等），經濟機關（如消費合作社等），娛樂機關（如音樂戲劇等）所規定之應有權利；（四）本會會員有享受本會的補助權。

第八條　本會會員之義務如下：（一）有必須遵守本會章程，規約及各種議決案之義務；（二）有儘力擁護本會，爲本會盡忠服務之義務；（三）有受執行委員會之委託，辦理本會各種事務之義務；（四）有繳納會費及捐助本會的義務。

第九條　名譽會員與會員有同等的義務，但只有發言權。

## 第三章　組　織

第一〇條　每站或數站聯合有工人五十人者舉代表一人，每增加五十人者加舉代表一人，組織全路代表大會；每年由本會執行委員會定期開會一次，遇特別事件發生，得由執行委員會召集臨時代表大會。

第一一條　每次代表大會，舉定十五人組織執行委員會，每四個月由委員會召集開會一次，並得開臨時會。

### 執行委員會

第一二條　由執行委員會互舉正委員長一人，副委員長二人，任期一年，但隨時得由執行委員會改選之。

第一三條　由執行委員會派定幹事若干人，組織幹事局，設總幹事一人，其餘幹事分作秘書、庶務、教育、交際等科辦事。

第一四條　凡人數滿百人的車站，須組織分會，名曰「京漢鐵路總工會某站分會」，凡人數不滿百人者舉出代表，加入臨近的車站分會，設立執行委員會，其組織法，由總工會執行委員會，另行審定之。

## 第四章　職　權

第一五條　本會代表大會，爲本會最高機關，審議本會預算及決算案，及一切重大進行事件。

第一六條　在兩代表大會之間，執行委員會爲最高機關，其職權如下：(一)決定預算案；(二)執行大會議決事件；(三)決定代表大會未決定的一切問題；(四)徵收會費；(五)議決對外交涉事件；(六)幫助全國鐵路工人和全國工人組織工會。

第一七條　正副委員長常駐總工會所在地，代表本會，總理本會經濟及一切事務，執行代表大會和執行委員會的決議案。

第一八條　幹事局執行委員會和執行委員長命令，辦理一切事務。

第一九條　各分會執行委員執行總工會執行委員會和執行委員長的命令，辦理本會所在地一切事件。

## 第五章　規　約

第二〇條　凡舉行全路罷工事，必須執行委員會的決議，全體會員過半數的通過，才能舉行。

第二二條　下級機關須服從上級機關的命令，如不服從時，得令其改組。

第二三條　某分會反對委員長時，由執行委員會判決之，反對執行委員會時，由代表大會判決之。

第二三條　各分會彼此不得相爭，如遇爭端，由本會執行委員會或委員長解決之。

第二四條　本會會員必須遵守的規約如左：（一）不得違反本會章程及各種議決案；（二）不得分出地域、界限、職位等次及其各種規則；（三）不得顧全個人私利，違反公共利益，（四）不得破壞本會和有礙會員的言動；（五）不得遲繳或不繳會費；（六）不得彼此互相爭鬥；（七）不得無故退會。

## 第六章　經　費

第二五條　本會會員每人每月須繳納半工工資，特別捐臨時規定。

第二六條　全體會員每月所繳會費，各分會每月用百分之四十；總工會用百分之十五；百分之四十五，存作本會基本金。

第二七條　本會基本金非因罷工或特別重大事件，經執行委員會通過，不得支用。

第二八條　本會經費由執行委員會徵收，正副委員長共同保管之。

## 第七章　附　則

第二九條　本會會議細則，執行委員會細則，幹事局細則，及各分會組織大綱均另定之。

第三〇條　本會章程經代表大會過半數之通過，得修改之。

第三一條　本會章程經各站分會通過，執行委員會宣佈，自宣佈之日起才能實行。

## 軍閥吳佩孚的處心積慮

我們在第三章便已說過，奉直戰後，吳佩孚四大政治主張中有「保護勞工」一項，不用說這只是軍閥對於工人階級的一種欺騙。吳佩孚後來對於工人階級還有不少的欺騙手段，如宣傳設立勞工局呀，贊成勞動立法呀，頒發肖像獎章呀，延見工人代表並贈送川資呀，無往而不企圖籠絡工人。但工人却不如官僚政客之易籠絡，他們却不顧吳佩孚的意志，八月間在長辛店幹了一次罷工，這次罷工，無疑的使得吳佩孚疾首痛心，因京漢鐵路收入爲吳佩孚軍餉的唯一來源，長辛店罷工的結果，使得吳佩孚每月損失六萬元，每年損失七八十萬元（長辛店罷工勝利條件，每人每月增加三元，京漢鐵路全路工人約二萬人，故路局每月須多開支工資六萬），再則工人氣燄日益膨脹，變生肘腋，又爲意中之事。原擬利用共產黨，而共產黨却「另有異圖」。因此吳佩孚決計準備對付工人。吳佩孚這種準備表現得最明顯的，一是組織「學兵隊」，學習開車；二是嗾使南段局長馮澐組織「同人通誼會」，分裂工人。但吳佩孚這些方法，收效甚微，首先是「學兵隊」遭着工人熱烈的反對；「同人通誼會」只有員司加入，而工人則一個也沒有。一九二三年二月工人公然要組織全路總工會了，實逼處此，所以吳佩孚「保護勞工」的假面具也再不能要了，爽直的實行屠殺。

## 總工會成立大會的前夜

在本會方面，未嘗不知與吳佩孚終不免有一日決裂，但未料及有如是之速。故二月一日總工會的成立大會，純取公開態度，將開會宗旨及地點，登載各報，並向路局局長趙繼賢報告，得其允許，趙繼賢當時還特准二事：一，一月二十八日之星期例假，准其改在二月一日，俾便工人赴會；二，開會日，北段赴會者准予發給免票，南段赴會者准予掛頭二等車各一輛，以便運送代表及來賓。工會方面以爲如此公開，當不致釀成巨大誤會；豈知一月二十八日，意外消息到了，鄭州警察廳長黃殿辰來會聲明，謂吳大帥禁止開會，該會受此意少壓迫，甚爲憤激，決計不顧軍閥干涉，依然籌備二月一日開會。三十日，忽得吳佩孚電，召工會代表赴洛陽計議，工會派五人前往。

代表當日到洛陽，吳辭不見，次日早才得見吳佩孚，吳佩孚說：「你們工人的事，我沒有不贊成的。你們想，什麼事我不幫助你們？不過鄭州是個軍事區域，豈能開會？你們不開會不行嗎？改期不行嗎？改地方不行嗎？其實會過餐也可開會，在屋裏也可開會，我是宣言保護你們的，豈和你們爲難？這是你們局長來的報告，我已經允許了他，我已經下了命令要制止開會。我是官長，豈有收回成命的道理？我以後保護你們的日子正多咧！你們說開會沒有什麼，我亦知道；不過——你們若是要非開會不可，我亦沒有辦法了……」。工會代表據理力爭，吳佩孚但是「顧左右而言他」。明以告之，使其不備；激之使進，而假手爪牙以殲滅之，其手段眞不愧爲一大奸雄。以後伏屍流血大慘劇，遂伏於吳佩孚這次談話的微笑中。

## 悲壯淋漓的大會

三十日，代表趕回鄭州。報告與吳佩孚交涉經過，各站到會代表與各地工會來賓，皆異常憤慨，對於一面高唱「保護勞工」，一面盡力壓迫開會，言不顧行，絕無信義的吳佩孚，都說「無注意的必要」，工人開會根據民國約法，不受非法干涉。於是悲壯淋漓的大會，於原定的二月一日在普樂劇園開幕了。

先是各路及各處工會接到京漢鐵路總工會開成立大會的請帖，無不興高采烈，紛紛派遣代表到鄭州慶賀。共計來賓約一百三十餘人。

本路各分會代表完全到齊，共六十五人。

二月一日清晨，代表及來賓全體整隊向會場出發。但此時市面已緊急戒嚴，軍警荷槍實彈，沿街排列，商店閉戶，行人斷絕。代表來賓無不笑軍閥小題大做，又無不恨軍閥妄自干涉人民自由，都說：「必須開會，不為武力所屈」。整隊前進，以軍樂前導，以各路各處工會所送匾額等次之。各人手執紅旗，順序而行。鄭州鐵路工人，則全體齊集普樂劇園，出發迎接。代表及來賓隊伍到距會場不遠處，被軍警包圍，描準示威，阻止前進。全體大憤，先推代表再三理論，終不允許，相持二小時久，最後乃不顧生死，衝開陣線，擁入會場。

當時由主席宣佈開會，說明總工會宗旨，及此次被強權壓迫的可恨。並宣佈京漢鐵路總工會正式成立。羣衆大呼「京漢鐵路總工會萬歲！」「勞動階級勝利萬歲！」是時會場已被軍隊包圍，黃殿辰百般威嚇，迫令解散大會，但是羣衆更加激昂，奏樂歡呼，聲如雷鳴。延至下午四時，始衝出重圍，宣佈散會。

## 總罷工之決定及其宣言與要求

是日下午，代表及來賓所住旅館，皆被重兵包圍，不許偶語，總工會在酒館所定的酒席也不准開售。代表及來賓完全失去自由，飲食不得。各團體所贈匾額對聯等，也盡被摔毀，棄置道旁。總工會會所，被軍隊佔領，驅逐職員，搗毀一空。工人問兵士何以如此强暴？兵士說：「是奉吳大帥命令」。

在這樣極端侮辱與壓迫之下，工人們知毫無挽救之餘地和退守之可能。各路各地工會來賓目擊此種情形，極爲憤慨，當晚離開鄭州時，致函京漢鐵路總工會謂「京漢鐵路總工會之能否健全，實全國工人共同問題。我們希望京漢鐵路總工會必能爲爭取自由而取最後奮鬥之手段，各工團誓必爲實力的後盾。」

總工會當晚召集秘密會議，決議：

「我們爲力爭自由起見，決於本月四日午刻宣佈京漢路全體總同盟罷工。同時爲事實上便利起見，總工會決移江岸辦事。一切進行事務，於總罷工期內，完全聽總工會命令而定。我們爲爭自由而戰，爲爭人權而戰，決無退後！」

又議決提出五項要求，並即日正式發表宣言。其原文如下：

「全國工友們！各界同胞們！我們京漢鐵路的工人，本着國家約法上所賦予的自由，和保障自身利益的宗旨，組織工會，一年多以來的努力，成立了全路十六個分會。我們的總工會籌備了半年多的工夫，耗費我們許多的精力、時間和血汗的金錢，慘澹經營才得到組織完備，定二月一日在鄭州開成立大會。期前邀請各業工團代表及各界人士參與盛典。屆期來賓到會數百人，一切設備完全，準備開會。

唉！意外的悲慘發生了！黑暗的勢力橫來了！萬惡的軍閥爪牙，鄭州軍警長官，用武力橫加壓迫，禁止開會，封閉會場，阻止我們和來賓在街上行走，所有各工團所贈送的匾額和對聯，均被毀棄道旁，我們神聖最高機關——京漢鐵路總工會——已被軍警佔據了，會場中文件雜物，均被抄查搗毀。各工團代表及來賓均被監視，言動不得自由，並勒令出境。酒席也被禁止了，滿街軍警林立，旅館都有軍警駐紮。一時狂風慘霧，鄭州全市陷於黑暗之境。工友們！同胞們！你們想想：這種無理暴橫之來，怎麼不教我們痛恨啊！這種事，凡是有血性有人心的，誰也不能忍受啊！

我們考察這件事發生的原因，實由本路局長趙繼賢、南段局長馮澐喪心病狂，捏造謠言，夥同軍閥吳佩孚，命令鄭州軍警當局所致。工友們呀！被壓迫的同胞們呀！你們要看清楚，壓迫我們的、剝奪我們的自由的、解散我們的工會的、侮辱我們的人格的，是誤國殃民的軍閥，和他們的奸險的爪牙呀！我們要認清我們的敵人，我們不能忍受這種欺侮和宰割呀！我們要緊緊的團結，反抗我們的仇人，向我們的仇人進攻呀！反抗呀！進攻呀！我們是沒有一點恐懼的，因爲仇人——軍閥和其走狗——的勢力，都在我們被壓迫的無產階級的手裏。被窮苦壓迫而去求生的警士和兵士，都是我們無產階級的兄弟朋友，他們明白了，他們決不會幫助仇人壓迫我們，我們無產階級有最大的權力，我們勞苦羣衆的團結是我們最大的權力，我們還有最精良最堅强的武器，我們現在爲反抗我們仇人——萬惡的軍閥，爲保障我們的人格，爲爭回我們的自由，我們要向前進攻了，工人們！同胞們！我們鄭重的宣言：「從本月四日正午起，京漢路全體一律罷工，不達到下列的條件，決不上工」，我們要求的最低的條件是：

（一）要求由交通部撤革京漢局長趙繼賢和南段局長馮澐；要求吳、靳及豫省當局撤革查辦黃殷辰。

（二）要求路局賠償開成立大會之損失六千元。

（三）所有當日在鄭被軍警扣留之一切匾額禮物，要求鄭州地方長官軍警奏樂送還總工會鄭州會所。所有佔住鄭州分會之軍隊立即撤退，鄭州分會匾額重復掛起，一切會中損失鄭州分會開單索償，並由鄭州地方官到鄭州分會道歉。

（四）要求每星期休息，並照發工資。

（五）要求陰曆年放假一星期，亦照發工資。」

## 總罷工的經過

果然，二月四日京漢鐵路全體總同盟罷工實現了。那天上午九時，中段罷工；十時南段罷工；十一時北段罷工。不到三個小時全路罷工了。至十二時，所有全路客車貨車軍車一律停止。

### 江岸方面

罷工的第二日（五日），湖北督軍蕭耀南派參謀長張厚生到江岸，先使該地警官，以強硬態度，要挾工會交出重要領袖，工會答以「如有對當局及交通部正當負責人來，總工會當然有全權代表與之正式談判，否則，恕不接待。」延至午刻，忽探報廠內已被大批軍隊佔領，張厚生在工人家內拘去開車工人，強迫開車。總工會當派糾察團進探，一時集及廠門者約二千餘人，衝破軍隊防線，將二工友搶回。正午，又拘去糾察團工友三人，總工會派人要求釋放。

罷工的第三日（六日），武漢各工會各派代表數百人，共二千餘人持旗幟到江岸慰問，即在江岸舉行慰問大會，到者萬餘人。首由京漢鐵路總工會委員長楊德甫申述感謝慰問代表的盛意（楊德甫於罷工失敗後便反動了，現爲國民黨的走狗），繼由各工會代表數十人演說，無不慷慨激昂，最後由總工會秘書長李震瀛致答詞，略謂：「我們此次大罷工，爲我們全勞動階級命運之一大關鍵。我們不是爭工資爭時間，而是爭自由爭人權。我們是自由和中國人民權利的保衛者，工友們！我們京漢工人的責任是如何重大呀！麻木不仁的社會，早就需要我們的赤血來薰染了，工友們！在打倒軍閥的火線上，應該我們去作前鋒，前進啊！勿退却！」羣衆高呼，「京漢鐵路總工會萬歲！」「武漢工團聯合會萬歲」「全世界無產階級聯合起來啊！」羣衆於憤怒之餘，遂舉行遊行大示威，由江岸經過漢口租界以抵華界，歷二小時方散，此種闖入租界示威，實爲創見。

長辛店方面

罷工第一日（四日）早，召集全體大會，到者三千餘人。主席報告總工會命令畢，羣衆熱烈贊成，呼聲動天地，均願爲自由而戰，會畢即罷工。工人待遇旅客極有敬禮，男子爲代僱車馬，女子則延至工人家裏住宿，次日護送至京。故當時社會人士對罷工工人均表好感。

罷工第二日（五日），北京鐵路管理局茶役亦舉行罷工。趙繼賢此時已得吳佩孚命令，令其嚴厲處置，乃發出威脅佈告，限工人於十二小時內復工，但工人不理，趙又派人到長辛店威迫工會單獨交涉，工會答以「只知總工會命令，不知其他。」午後，曹錕派兵到長辛店，宣佈戒嚴，全體工人亦遂前往示威，並向兵士宣傳，士兵有爲之感動至泣下者。

罷工第三日（六日），調查隊報告，軍隊行動極爲可疑，涿州有大軍將要開到。一時全市突然緊張，但工人態度仍不稍變。正午，趙繼賢由塘沽運來新工百二十名，另挑選五百兵士，隨同學習開車，並宣言罷工工人如不復工，當一律解散，押解出境。工人仍置之不理。京兆尹及宛平縣知事前來勸說上工，工人答以「由總工會作主」。下午，涿州軍隊開到。

鄭州方面

罷工第一日（四日），總罷工後，鄭州駐軍師長靳雲鶚召集工會代表談話，靳見面大駡，靳令開車。工會代表答以「須有總工會命令才能開車」，拒絕之。

罷工第二日（五日）晚，靳雲鶚拘捕工會委員三人。工人聞訊大憤，敵愾之心，更為堅決。

罷工第三日（六日），又捕去工會委員兩人。上午靳將被捕五人推至車站威嚇工人，工人不惟不懼，反更憤激。下午，警署鳴鑼招呼工人上工，工人置之不理。

總之，全路各站罷工工人都非常一致，「不得總工會命令，不開工」，成為當時工人唯一的口號。

## 二七慘殺

京漢鐵路總罷工後，北京公使團召集緊急會議，議決向北京政府提出嚴重警告，不用說是意在慫恿政府立即用武力解決罷工。

在漢口的英國領事，更活躍了，六日，召集蕭耀南代表及洋資本家在領事署開會，討論應付罷工之策。其時羣衆示威遊行正經過該領事署，誰知此時也就是帝國主義正在指導軍閥屠殺工人的方略，果然第二日（七日），軍閥便開始血肉紛飛的屠殺了。

吳佩孚本已準備好屠殺工人，此時又得帝國主義之指點，遂下令於七日南北一齊下手。

江岸方面，數日來張厚生用了許多誘騙方法，擬先將總工會領袖一網打盡，但均被總工會識破。總工會提出調停談判之先決條件十一條，並要求以對等負責之會議爲標準，下午二時有一警官來說：「奉蕭督軍革命，特來請求總工會派全權代表開會談判，如得允許，張參謀長即來。」並說：「張參謀長來時擬穿便衣，以示誠意。」又說：「條件均可完全承認，惟請先將全權代表名單開示。」其言甚甘，總工會已起疑心，乃開一假姓名名單予之。不久警官又來，約總工會全權代表於下午五時在會所相候，參謀長准到，匆匆別去。至五時二十分鐘，全權代表正準備到工會相候，半途忽聞槍聲大發，於是流血慘案就開幕了。原來警官之來此，爲誘敵之計，以爲時候已到，重要人物皆在工會，張厚生率領軍隊二營急馳而到，先將總工會包圍，開槍環擊。當時糾察隊有數百人在總工會門首守候，但皆赤手空拳，無以抵禦，當被亂槍擊死者有曾玉良等三十二人，傷者共二百餘人。工人猶死守工會，相持至數十分鐘，得總工會退卻命令，方漸次退散。同時軍隊包圍工人宿舍，搜捕工人，江岸分會委員長林祥謙同志亦被捕。被捕工人數十皆縛於車站電桿上，張厚生親自提燈找出林同志，回顧段長說：「此人是否工會長？」段長答：「是！」張乃令劊子手割去繩索，迫令林同志下上工命令，林同志不允，張乃令劊子手先砍一刀，然後再問道：「上不上工？」林同志抗聲說：「不上！」張又令再砍一刀，怒聲喝道：「到底下不下上工命令？」林同志忍痛大呼：「上工要總工會下命令，我的頭可斷，工是不上的！」張復令再砍一刀，此時林同志鮮血濺地，遂暈，移時醒來。張獰笑道：「現在怎樣？」林同志切齒大罵「現在還有什麼話可說，可憐一個好好的中國，就斷送在你們這般混賬忘八蛋的軍閥手裏！」張聽了大怒，不待林同志說完，立令梟首。林祥謙同志就此慷慨成仁了。如此至死不屈、從容就義，紀律嚴肅，也只有無產階級的先鋒戰士，才能有此。

同日長辛店方面亦有慘殺的事情。昨晚軍隊便搜查工人宿舍，時值嚴多，深夜奇寒，兵士連搜帶搶，雜以拷打，工人婦孺，哭聲震天。當捕去史文彬、吳汝銘等十一人，剝去衣履，加上鐐銬，準備天明解往保定。天明，工人羣衆三千餘人齊集軍營門口，要求釋放被捕工人，一致高呼：「還我們工友！還我們自由！」軍隊向羣衆開鎗，彈如雨下，繼以馬隊踐踏，數千工人遂紛紛倒地，結果死四人，重傷者三十餘人，輕傷者無數。軍隊更乘機大搶，任意殺人，居民紛紛閉門，全市秩序大亂。

其他各站亦有慘殺情形。

施洋同志亦於是時被殺。施洋同志本一律師，年來努力職工運動，在武漢各個罷工鬥爭中，皆親身參加，因此得到工人羣衆極大的信仰，被武漢工團聯合會聘爲法律顧問。京漢罷工，施同志當然是最出力之一人，湖北督軍蕭耀南，將其拘捕，於二月十五日上午七時，殺於武昌。

## 慘殺以後

江岸慘案發生以後，武漢工人無不怨憤填胸，武漢工團聯合會當晚即下罷工命令，計實行罷工的，有徐家棚鐵路、漢陽鋼鐵廠、漢冶萍輪駁、丹水池、揚子機器廠……等工人（電燈、電報、自來水，因準備便遭壓迫，未能成）。蕭耀南宣佈特別戒嚴，各帝國主義海軍亦全數登陸，市面極其恐怖，形勢甚爲嚴重。延至九日罷工情緒日非，工人戰線已被軍閥擊破，京漢鐵路總工會與武漢工團聯合會乃聯名下復工令，勸工人忍痛復工，準備再舉，復工命令的要點如左：

「我們的敵人既用這樣大的壓力對付我們，我們全體工友爲保全元氣以圖報復起見，只好暫時忍痛復工。本會深知昨日各業工友因敵人襲擊，痛哭流淚者不知凡幾，切齒痛恨者不知凡幾，憤不欲生者不知凡幾，但本會極希望我親愛的工友鎮靜忍痛，不因此灰心，不因此出廠。須知吾人此時惟有忍痛在廠工作，才有報仇之日。殺吾工界領袖林祥謙之仇誓死必報，言論出版集會結社罷工之自由誓死必爭，軍閥官僚中外資本誓死必打倒，唯其如此，所以我們忍痛復工，才有以後的種種辦法。」

二七慘殺以後，軍閥用軍隊綑綁工人強迫上工，不上工處以嚴刑。雖然如此，但工人總未完全復工，至接總工會勸工人忍痛復工命令後，方開始恢復工作。

這次罷工，被軍閥以鐵血鎮壓而失敗，當時死者四十餘人，傷者數百人，被捕入獄者四十餘人，被開除流亡在外者一千餘人，是中國職工運動史上最大的損失。

## 各路及各地工會的援助

這裏須略爲補述各路及各地工會援助的情形。原來各路代表離開鄭州時，便相約如京漢罷工三日不得解決，即實行同情罷工援助，這個公約可說是實現了。

道清路　二月一日鄭州大會，該路工會派五人前往慶賀。代表回去後，報告經過。該路決定與京漢同時罷工。他們支持九日之久，方才復工。

正太路　二月四日京漢罷工，該路工人召集羣衆大會，議決七日即舉行罷工。此時火車房尚未加入工會，但接工會傳單後，亦紛紛到工會要求加入，願取一致行動。七日正午果然罷工。曹錕由保定派往一旅軍隊，工人不爲所懾。八日，該路還不知二七慘變，京漢雖然開車，但全爲軍人來往，故不相信京漢失敗。於下午三時召集大會，決議「非接到京漢總工會開工電報決不復工」。九日晚京漢路正定分會派人通知，謂京漢工潮已被武力壓迫上工，請貴會明日復工，免遭意外，該路方於十日復工。

津浦路　津浦路工會此時尚未一致。該路浦鎮工會代表，自鄭州回到本路逕赴天津、滄州、泰安、德州各站下車，擬聯絡各路一致罷工，因此遷延時日，於十三日方開始由南段罷工，此時還不知京漢路已被武力壓迫上工，後來消息證實，遂宣佈復工。

粵漢路　八日與武漢各工會同時罷工，亦被軍隊壓迫上工。

京奉路　本擬七日罷工，因經費問題一時未解決，擬等數日支領雙薪後再行發動，不料他們的計劃爲鐵路局看出，派軍隊監視工人，旋京漢路復工消息到來，遂未罷工。召集全路代表會議，對京漢事件，議決善後辦法六條並開二七被難烈士追悼大會。

京綏路　該路代表尚未從鄭州回到本路時，吳佩孚便已電致該路軍事長官，若工潮發生即以武力解決。於是工會行動完全喪失自由。三日，代表歸後，召集秘密會議，於七日召集全路代表會議，但京漢路失敗消息已至，故同情舉動，也就停止。

除各路之外，其他各處援助運動亦不少，這裏只說兩個大的城市。

北京、北京電氣工人會暗中準備罷工援助京漢，迄未實現。但北京市民卻有過大的示威遊行運動，並組織京漢罷工後援會，向政府提出六項要求。二七慘殺以後，北京又舉行五千餘人的追悼大會。

上海、二七慘案傳到上海後，當地各工會開會援助，準備罷工，上海護軍使何豐林宣佈戒嚴。吳佩孚恐何豐林力量不足，派其副官到上海，協同防衛。租界內帝國主義防衛更嚴，罷工未能實現。

## 這次罷工的教訓

京漢鐵路大罷工的失敗給予中國職工運動的影響是很大的。首先是中國勞動組合書記部不能在北京立足，部址被查抄，職員被通緝，逼不得已不能不遷往上海。北方各鐵路工會及武漢工會一律被封閉，領袖被通緝，兩年來共產黨所慘澹經營的工會組織，除廣州湖南尚能保存外，其他各地皆完全倒台。中國職工運動從此便進入於消沉期了。

這次罷工的教訓是什麼呢？

最主要的還是當時沒有一個强大的共產黨。共產黨是工人階級的總參謀部：如果工人階級沒有它自己階級的政黨——共產黨，那麼工人階級要得到解放是不可能的。我們在第三章便已經說過當時做職工運動的同志有一極大錯誤，便是沒有在工會中發展黨的組織。京漢鐵路總罷工無疑的是共產黨所領導，然而亦只有高高在上的領導，而下層羣衆中很少共產黨的作用。總計當時鐵路工人的共產黨員不到五十人，這樣一個渺小的數目，如何能夠指揮那樣廣大的羣衆？再則就是工會組織還未完善。各站工會雖然都組織起來了，但多半還是草創，自然說不到如何嚴密。

的確，假使當時有强大共產黨和秘密的工會組織，勢力雖不足抵敵持槍帶砲的軍隊，也不至受摧殘到如此地步。

至於罷工本身亦有幾個缺點：

（一）對於武漢總罷工準備不充分而且發動太遲。武漢總罷工應該在京漢罷工之第二天至遲第三天便應實行，這樣才能給京漢路巨大的援助，二七慘殺發生以後方宣佈罷工，實行太遲了，一方面敵人此時已準備好，另一方面工人亦已表現恐怖；因此，武漢總罷工以致不能發動更寬廣的群衆。這爲事實所證明了的。至於九日下復工令，這倒是很對的。

（二）對於兵士沒有工作。那時我們對於兵士運動的確不懂，工人對於兵士還是仇視的態度，因此軍閥得利用軍隊搶殺工人。

（三）沒爲佔領電訊機關。罷工後，工會方面，南北完全斷絕消息，倒是軍閥得利用電報電話調兵遣將，準備屠殺工人。再則電報電話司機生，雖是員司，但所得薪水極低。工會方面當時未對司機生做相當聯絡工作，因此司機生竟未絲毫幫助工會。也因沒有佔領電訊機關，以致消息不靈，總工會事實上只指揮了江岸一處，各站都是各幹各的。假使當時工人沒有「不得總工會命令不上工」的信念，罷工還不能有如此堅持。

（四）共產黨政治領導的錯誤。從前共產黨利用吳佩孚勢力反對交通系；雖然在組織工人的初期，因爲有六個暗藏的共產黨員做了全國鐵路的密查員：得以隨便到各路各站活動的聯絡，開始找着線索，但是在政治上的立場上，對於吳佩孚亦因此而明顯了，——就是勞動立法運動之中，已經顯露這種弱點，等到「二七」屠殺之後，中國共產黨中央委員的宣言之中，居然說：「所以中國共產黨前此無須戳穿吳佩孚「保護勞工」的假面具。只望京漢各鐵路工人，極力進行工會的組織，一步一步成就勞工階級的勢力與使命」這眞正是可恥到極點的機會主義。

## 第八章　職工運動消沉期

### 二七失敗之殘破局面

「二七」慘變後，幼稚的中國工人階級受到這樣浩大的損失，無疑的要轉到一個消沉期。我們現在來檢查二七慘變所遺留下來的殘破局面。

京漢路和武漢三鎮的工會，不用說是完全被封了，其他各路工會也由公開的而轉爲秘密的，當時尙稱完好的只有廣州和湖南。

二七失敗，死者、傷者、入獄者、逃亡在外者旣那樣衆多，書記部此時的當前責任，便是救濟問題，這種救濟事業，有極重大的意義，不但直接安慰被難者，實亦間接安慰全體工人。書記部一面在國內募捐，一面派人向世界的赤色工會要求援助，並組織專門委員會，經過京漢鐵路總工會駐滬辦事處，以其捐欵啓發被難者。

就全國情形而論，此時工人階級確已陷於消沉狀態，雖然有少數零星的自發的罷工，甚至還有千人以上的罷工，如上海三月中之恆大紗廠一千餘人的罷工，裝訂工人一千五百人的罷工，五月中之皮箱業工人一千餘人的罷工，六月中之豆腐坊數千工人的罷工，十一月中之漆匠四千餘人的罷工等。但無論如何，這些罷工一大部屬手工業工人，且多數失敗，故給予當時的影響是不大的。

## 碩果僅存的安源工會

在此消沉期中，特別出奇的要算安源路礦工工人俱樂部，眞爲「碩果僅存」。原來當時湖南號稱「省憲自治」，當然這只是軍閥趙恆惕借以掩護割據自封的一塊招牌，但一九二二年趙恆惕從殺黃龐引起民衆的反抗運動（所謂「驅趙運動」）所得的敎訓，使得他對於工人不能不稍爲和緩，所以二七失敗後，各地工會（廣東除外）都遭封禁，而湖南却一時尙能支持，一九二三年六月二日至四日，長沙市民舉行收回旅大示威（旅順大連灣原租給於舊俄，日俄戰後轉給日本，到此年租借期滿，故當時各地有收回旅大運動），日本兵艦水手槍殺碼頭工人，全市工人會舉行一次抗議慘殺的總罷工，由此可見當時湖南工人雖處保守地位，而其勢力尙得公開存在。直到這年冬季十一月三十日，水口山工人罷工失敗以後，湖南職工運動才完全進於秘密狀態，因爲趙恆惕不僅以鐵血摧殘水口山工人，連帶亦以强力封禁湖南所有的工會。

但安源煤礦，那時却好似工人的「世外桃源」。工會仍舊巍然獨居，本來二七慘變後，安源路礦局亦接北京交通部來電，囑其封閉工會，但路礦局不敢下手，其原因是安源工人勢力集中，產業又極重要，工人組織力與戰鬥力亦相當豐富，若封閉工會，無疑的必遭到工人決死的反抗，於礦山生存實有重大危險。路礦局方面深明於此，故不敢遽觸厭迫；而工會方面亦極十分注意防範，所以能一直支持下去而不潰。

安源路礦工人俱樂部，在此時期做了不少工作，特別有兩點值得指出

（一）眞正打破包工制　安源煤礦包工頭的收入，眞是駭人聽聞，工頭從工人身上剝削所得，超過工人工資一倍以上，甚至有超過三四倍的，工頭每月收入有銀洋七八百元者，有上千元者。工頭每月收入如是之豐，欲其相安無事，勢必須分與職員若干以塞其口，工頭與職員雙方勾結，一方面盡力剝削工人，一方面又做「吃點」「買空」「做廳」「買灰」等弊（「吃點」就是工頭向礦局領取三十人的工資，而只雇二十人，其餘十人的工資即歸工頭腰包。「買空」就是如出產只九百噸，而工頭虛報一千噸，此一百噸之價值即歸工頭吞沒。「做廳」就是工頭扣發做廳應用之材料與工人，使廳湫隘難行，而工頭向礦局虛報，從中攫取利益。「買灰」，該礦設有化驗處，特延化學專家任其事，每日出煤必經化驗，燐灰輕者獎，重者罰，灰定分數。工頭爲求獎免罰起見，便賄買化學專家　，金錢一到，燐灰立減，不爽毫厘）。一九二二年九月安源罷工勝利以後，工頭職員不能剝削工人了，於是密謀破壞工人俱樂部，被工人所知道，加以重懲，此時工人俱樂部更進一步廢除包工制，改爲合作制，議定合作條約，工頭每月工資自十元起至三十元止，工人工資照罷工時條約不改，其餘各項消耗費，歸合作股內開支，所得紅利，工頭佔百分之十五，管理處佔百分之五，餘百分之八十由工人平分，眞的，這樣一來，該礦二十年來的包工制被打破了。不僅使工人不受中間階級的剝削，並且爲礦局廓清積重難返的弊病。

（二）建立自下而上的代表會議制度　安源工人俱樂部的基本組織，是十人團　，選舉十代表一人，再由十個十人團選舉百代表一人，每工作處選舉總代表一人。總代表會議（總代表五十一人）爲俱樂部最高決議機關，百代表會議（一百三十一人）爲俱樂部複决機關，十代表會議（十代表一千三

百八十二人）則聽俱樂部之報告。至於全體部員大會，一年開一次，如有要事，臨時召集，再由百代表會議選舉主任四人（總主任一人，窿外主任一人，窿內主任一人，路局主任一人），組織主任團，總理俱樂部一切事務，主任團下設幹事會，爲俱樂部辦事機關，這種組織，可說是議會制與蘇維埃制的混合組織，誠有可議之處，但無論如何，當時該礦全體工人，是已經完全組織在一個嚴密系統之下。

安源工人俱樂部當時確有很多的成績，最大的爲消費合作社，工人教育等，可惜這裏爲篇幅所限，不能詳述了。

## 共產黨內的取消主義傾向

二七失敗以後，中國共產黨內發生右傾的取消主義，代表人物就是現今共產主義的叛徒陳獨秀，陳獨秀從二七失敗所得的結論是工人階級沒有力量，於是他的整個機會主義的理論就在此時完全形成了。我們這裏不能詳細說到整個陳獨秀主義，而只就其與職工運動有關者略略提及。陳獨秀說：「半殖民地的中國社會狀況，既然需要一個資產階級的民主革命，在這革命若失了資產階級的援助，在革命事業中便沒有階級的意義和社會基礎。」又說：「殖民地半殖民地的各社會階級固然一體幼稚，然而資產階級的力量究竟比農民集中，比工人雄厚。」又說：「中國工人階級不是獨立的革命勢力……大部分還沉睡在宗法社會裏……不感覺政治的需要，並未脫離神權帝國之迷信……」。所以他斷定「中國大多數的工人，還沒有自己階級的政治鬥爭之需要與可能。」這樣，陳獨秀把資產階級恭維得很高。把工人階級看得一文不值，不用說應用到實際工作上便是取消職工運動。不僅取消職工運動，他當時還主張取消共產黨呢！他當時公開的說：「混蛋的中國，便有混蛋的無產階級。混蛋的無產階級便有混蛋的共產黨，共產黨不該早成了幾年，所以弄成一個三不像的共產黨。」眞的，陳獨秀此種觀點是得到一部分中央委員的擁護，於是另一中央委員就說：「勞動運動嗎？這一名詞根本不能成立，現時只有一個國民運動，即是要勞動運動也只能與青年運動、婦女運動等量齊觀，而共同的隸屬於國民運動之下，做國民運動之一部分。」在這種取消主義的觀點之下，無疑的中國職工運動要遭到巨大的不幸。眞的，二七失敗後差不多有一年，陳獨秀的中央，實際上對於職工運動不聞不問，或者怠工。

陳獨秀這種叛賣階級的取消主義的觀點，曾受着抵抗的。比如鄧中夏當時在「中國工人」，「中國青年」，以及黨報上，就曾經作文章批評過這種觀點，在黨報上而且是指出這位「家長」陳獨秀的名字公開批評的。

陳獨秀的中央，對於職工運動的取消主義的傾向，一直到一九二四年五月共產黨的擴大會議上，才糾正過來，也就是從此以後，共產黨對於職工運動才重新又做起來。

## 國民黨的改組及其工人政策

這裏須說到國民黨的改組及其工人政策，因為它與職工運動有很大的影響。

國民黨未改組以前，本無所謂工人政策，一直到一九二四年一月改組，才明白規定。

國民黨在辛亥革命時，確盡了很大的作用，那時還叫同盟會，以「驅逐韃虜，恢復中華，建立民國，平均地權」相號召，革命成功以後，改名國民黨，此時新加入的成分更爲複雜，貴族官僚，將軍政客，無所不有；因爲那時國民黨擬與袁世凱爭權，企圖建立所謂「政黨內閣」，故廣爲容納，以擴黨勢。癸丑（一九一三年）反袁戰爭，國民黨一敗塗地，於是該黨黨員紛紛向袁投降，黨遂瓦解。孫中山逃亡海外，另組中華革命黨，繼續革命。到後來南方舉行所謂護法戰爭，孫中山回粵，恢復國民黨名稱，上添加中國二字，以示區別。其實際孫中山那時醉心軍事運動，所謂「黨」也不過粉飾門面，實際黨的組織蕩然無存。正確些說，那時無所謂國民黨，只有孫中山。國民黨當時在民衆中的信仰，不用說是渺乎其小的。俄國十月革命，布爾塞維克的黨取得了政權，這確是給孫中山一大啓示。「五四」運動以後，政治團體紛紛出現，各樹一幟，就中以共產黨最爲猛進，隱然握有全國思想界之權威。此時中國革命新的浪潮，日益緊張，事實上需要一個反對帝國主義與反對封建軍閥的統一的民主聯合戰線，就是說需要各階級聯合的政黨。中國共產黨爲統一民族革命的戰線，遂命令自己的黨員加入國民黨（自然共產黨自己的組織須完全保持獨立），並幫助國民黨改組，因此共產黨以改組國民黨建議於孫中山，孫中山亦因屢敗之餘，覺悟共黨不行，於是接受共產黨的提議，國民黨遂於一九二四年實行改組了。

國民黨在改組以前，只有簡單的口號，而無充實內容的政綱；此次改組，得代表新的革命勢力的中國共產黨員之參加，才釐定政綱，發表宣言，對於孫中山夾七夾八的三民主義，給以改頭換面，加了一番新穎的解釋，這裏只摘錄共中關於工人政策的幾段於下，在宣言中說：

「中國以內，自北至南，自通商都會以至於窮鄉僻壤，貧乏之農夫，勞苦之工人，所在皆是，因其所處之地位，與感受之痛苦，類皆相同，其要求解放之情至爲迫切，則其反抗帝國主義之意亦必至爲强烈。故國民革命之運動，必恃全國農夫工人參加，然後可以決勝，蓋無可疑者，國民黨有鑒於此，一方面當對於農夫工人之運動，以全力助其開展，輔助其經濟組織，使日趨於發達，以期增進國民革命運動之實力。一方面又當對於農夫工人要求參加國民黨，相與爲不斷之努力，以促國民革命運動之進行，蓋國民黨現正從事反抗帝國主義與軍閥，反抗不利於農夫工人之特殊階級，以謀農夫工人之解放，質言之，即爲農夫工人而奮鬥，亦即農夫工人爲自身而奮鬥也。」又說：

「又當爲工人告者，中國工人之生活，絕無保障，國民黨之主張，則以爲工人之失業者，國家當爲之謀救濟之道，尤當爲之制定勞動法，以改良工人之生活，此外爲養老之制，育兒之制，周恤廢疾之制，普及教育之制，有相輔而行之性質者，皆當努力以求其實現。」

在它的政綱中則說：

「制定勞工法，改良勞工之生活狀況，保障勞工團體，並扶助其發展。」

國民黨經共產黨幫助它改組以後，的確氣象一新，它的組織範圍，也就不限於廣東一隅，而擴張到中部與北方，國民黨各級委員會均設工人部，這部秘書與幹事，在初時期，多半爲加入國民黨的共產黨員充當，因此，大有助於職工運動。

## 全國鐵路總工會的成立與挫折

在消沉期中有一事特別值得注意的，便是一九二四年二月七日全國鐵路總工會的成立。二七失敗，已隔一年，檢閱我們當時在鐵路上的力量，計京漢路工會各重要車站尙有數人至數十人之秘密組織，京奉路唐山工會尙秘密存在，暗中擁有實力，工會基金亦有一千餘元，京綏路車務工會也頗有進步，有會員一千五百餘人；正太路工會依然存在，工人尙能團結一致；粵漢路工會亦秘密存在，但會員略有減少；津浦路浦鎭有五千餘人的秘密組織；株萍路工會如舊，且極有進步；此時有一新生勢力爲二七時所沒有的，就是異軍特起的膠濟路工會；該會在中國工人階級大受打擊之後，居然能起來組織工會，會員發展到一千五百餘人，不能不算是難能可貴。北京工人週刊，依然繼續秘密出版，也算是一件不可多得的事。

共產黨估計了此種狀況，於是決定一九二四年二月七日在北京召集各路代表大會，計到者九路代表，二十餘人。通過正式成立全國鐵路總工會，發表宣言，其全文如下：

全國鐵路總工會成立宣言：

「前年十月間開灤五礦罷工時，全國各鐵路工會代表於北京集會，除討議援助開灤礦工外，並產生全國鐵路總工會籌備委員會，籌備全國鐵路總工會之正式成立。自籌備委員會成立以後，進行極爲順利，本擬去年三月間召集全國鐵路總工會成立大會，不幸「二七」事變發生，京漢工友大遭屠殺，京漢和各路工會多被搗毀封禁，籌備委員會及各路重要分子，死傷的也有，監禁的也有，逃亡失業的也有，那麼一來，進行就極爲困難，因此一年之內，除救濟死傷失業被害者外，簡直沒有餘力去積極的籌備全國鐵路總工會。幸賴籌備委員會和各路領袖都具熱忱毅力，所以全國鐵路總工會籌備事宜，沒有停頓，這是不能不說是不幸中之大幸！

我們經過這一年多的艱難籌備，直至如今，我國全國各路工會代表，才於本年二月間集會，正式宣告成立全國鐵路總工會，章程製定好了，機關也設立了，負責人員也推選出來了。那末全國鐵路總工會，便形成而實具了。全國鐵路總工會之成立，簡直是我全體鐵路工友於痛苦不堪之中得着一顆光芒萬丈的救星。

全國鐵路總工會怎麼是我全體鐵路工友的救星？我們只要看總工會的宗旨，便知道了。總工會的宗旨是什麼呢？一、改良生活，增高地位，謀全體鐵路工人之福利；二、聯絡感情和實行互助，化除境域界限，排解工人相互爭端；三、提高知識以促成工人階級的自覺；四、幫助各路工人組織各路總工會，並與全國各界工人和世界工人建立密切關係。這四條宗旨，寫得多麼明白，那一句一字，不是爲我全體鐵路工人謀幸福呢？

「總工會既然有了宗旨，辦法又怎樣呢？我們要謀得幸福，首先便要有團體，所以這次成立大會已經製定了全國鐵路組織計劃，務使已經組織好了的各路工會，團結更加嚴密，各路工會被封禁了的，設法恢復，還有沒有組織的，從速成立團體。死傷被捕的失業工友總工會當力圖救濟，各路工會互相關係，總工會當力謀密切。從前各路罷工已要求到之條件，總工會當力爭實行；並決定加入萬國運輸工人聯合會，實現全世界聯合之目的。我總工會既係全體鐵路工友的機關，當然以謀全體鐵路工人之利益爲第一要義，但工人亦國民一分子，所有救國救民，以及反抗軍閥官僚之橫暴，和外人之侵略等國民運動，亦當視能力之所及，參加而促進之。我工友若參加此種國民運動，必首先提出爭自由和恢復工會等要求。如有爲恢復工會而鬥爭者，吾人必同情之。

「這些辦法，如果能够一一做到，不但總工會的宗旨實現了，我全體鐵路工友的幸福也就不小了。

「總工會既然有了很好的宗旨和辦法，是可注意的，還有各路工會代表的精神。各路工會代表都抱定堅强的志願，犧牲的魄力；大家約定非實行互助不可，非組織堅固的總工會不可，非奮鬥以俾除痛苦謀到幸福不可。這種全體代表一致精神，便是鐵路工人萬衆一心的表示，也就是總工會團結堅固之表證。如果我全體鐵路工友能以代表之精神爲精神，那我們前途的希望，就很遠大了。

「全國鐵路工友們！全國鐵路總工會是代表我們全體鐵路工友的，我全體鐵路工友務必擁護我們的工會，務必依照總工會的宗旨和辦法做去，並須在總工會指揮之下，一致團結起來奮鬥呀！只有這樣，我們才能解除痛苦，獲得幸福哩。全國鐵路工友們！我們的總工會已經成立，從此一致團結，一致奮鬥，並一致慶祝全國鐵路總工會萬歲！」

全國鐵路總工會成立之後，各路組織，頗有顯著之進步，如膠濟路會員之大增加，京綏路車務工會會費之確能收齊，正太路工會組織之大加整飭等。

不料五月武漢間發生拘捕工人領袖楊德甫（叛變）、許伯昊（犧牲）、羅海臣（未詳）、周天元（叛變）、黃子章（未詳）及律師劉芬（未詳）等六人，牽連所及，全國鐵路總工會北京秘密會所亦被抄封，幹事張特立、彭立和、李斌（未詳）等同時被捕（係楊德甫供出），不久，全國鐵路總工會委員長孫雲鵬（後消極）亦在石家莊被捕，膠濟路工會因舉行大會而被封，領袖郭恒祥（未詳）等四人則被開除，後來又被通緝。一時各路領袖被開除者，被通緝者，共計四十餘人，都不能在本地立足，逃亡在外，於是鐵路工會又遭一次挫折。

## 流氓工會的招搖

消沉期中，還有一特殊現象，就是流氓工會的興起，二七失敗後，有幾個曾與武漢工會發生過關係的知識份子的共產黨員，潛逃上海，閑居無聊，由動搖以至於叛變，於是遂與湖南勞工會殘餘分子及上海招牌工會分子，聯合起來，形成流氓工會的大聯合，發起成立「上海工團聯合會」，時在一九二四年春。起首他們還標榜無政府主義，提出「只問麵包，不問政治」，「工會自治，不許政黨過問」，「穿長衫的，快滾出去」等口號。他們反對的對象，不用說是共產黨，所提口號即是針對共產黨而言（其實他們自己就是穿長衫的，呵！是穿西裝吧）。這些口號，很明顯的是帝國主義軍閥資本家所需要的，那時帝國主義在租界極端嚴禁共產黨活動，吳佩孚正在誥誡鐵路工人：「不要爲學生政黨利用」；蕭耀南正在通令各工廠，勸令工人具結「永不加入政黨」，這些流氓得帝國主義的諒解與保護，在上海公開活動，不用說他們當時是共產黨的一個敵人，我們却和他們作過堅決的鬥爭。

國民黨改組後，革命勢力逐漸團結與開展，國民黨內立即起了分化，代表買辦階級的分子首先起來反對改組，形成第一批右派，與共產黨和當時的國民黨左派處於敵對地位。流氓工會於是又與國民黨右派相結合，實行反動。

這些流氓工會，當時在上海專做破壞工人事業的勾當，如勾結絲廠主破壞絲廠女工罷工，勾結南洋烟廠主破壞工人復業運動，甚至毆打國民黨中央工人部代表等。

這種流氓工會，曾經有過企圖，要組織全國工團聯合會，他們曾派人到北方一帶活動，但是他們這種企圖，却被一九二五年五卅的反帝高潮所湮沒了，他們在上海的組織也從此就烟消雲散了。

## 困苦艱難中的工會工作

消沉期中，我們的工會工作，確實困難萬分，從上面敘述中，已可看到我們在當時的工作範圍是如何狹隘，完善的僅安源礦工工會。鐵路工會又稍起即仆。在上海方面，我們只有一個印刷工會，一個機器工人俱樂部和一個金銀業工人俱樂部，後來成立一個店員工會，人數却是很少。武漢方面，只有人力車夫工會、花廠工會等。此時給於我們最苦惱的問題，就是在困苦艱難中如何組織的問題。赤色職工國際恰於此時派代表到中國，我們與他討論的結果，於是決定以「工廠小組」為此時組織的中心工作，就是在每個工廠的工作處，成立若干個十人以下的秘密小組，這些小組，視環境而決定相互關係，如環境好的地方，各小組組長可以發生關係或開聯席會議，否則，各小組彼此不發生關係，其組長與工會的組織員接頭。這個新組織路線，的確在當時收到部分的成效。

此時國民黨已經改組，當時國民黨左派領袖確有意思改造成為一個有組織的黨，一個接近民衆的黨，但這種事他們却不在行，不得不依靠加入國民黨的共產分子，共產分子當時在國民黨各級黨部工作的不少，特別是工農兩部大半為共產分子主持。國民黨自改組後，經共產黨的宣傳與提携，此時聲譽日起，共產黨當時的職工運動，在一定的條件之下，也用國民黨的旗幟去做，如在上海，我們曾用國民黨的名義，在楊樹浦、小沙渡、吳淞、浦東等處開辦工人補習學校，這種工人教育運動，的確給了我們公開工作的可能，找出不少線索，於是不久就成立工人團體，如楊樹浦，我們成立了「工人進德會」，小沙渡，我們成立「滬西工人俱樂部」等。

## 職工運動之轉機——沙面罷工

自二七失敗後，消沉狀態，直到一九二四上半年還未改變，七月廣州沙面發生大罷工，才表示著這種消沉狀態應該中止了。

在沙面沒有罷工以前，中國工人遭受三大慘劇：第一是上海絲廠燒死女工一百餘人；第二是山東坊子煤礦，淹死工人七十五名；第三是唐山煤礦壓死工人五十三名。這些慘案，應該激起工人的奮起，但當時工人竟無絲毫表示，這可見當時消沉到如何程度了。此外有幾個罷工影響亦不大，如五月間湖南湘潭的錳礦罷工，九江的日清碼頭工人罷工，和六月的上海絲廠女工罷工，均不得結果。

沙面爲帝國主義在廣州的租借地，此時頒佈一新警律，自八月一日起，沙面華僕出入租界，概須携帶執照，照上須貼主人相片，每晚九時以後，華人非帶執照不能入境兩次，但西人、日本人、印度人、安南人却均可自由，這分明是對中國民族的侮辱！於是引起沙面華人憤怒，於七月十五日宣佈罷工，後來華捕亦加入罷崗，一直相持至八月十七日方解決，取消新警律。

沙面罷工卻給了帝國主義相當打擊，不消說給了中國人以勞動運動在民族解放運動中的重要意義，而爲後來省港罷工有力的啓示了。此次罷工確鬨動了廣州與香港，並且影響還及於中部與北方。

此時廣州確有一新的革命氣象，工人運動固然勃興，就是農民運動也發展起來，海陸豐一九二三年便有過農民減租鬥爭，此時廣寧又發生抗租鬥爭，以至與地主武裝衝突，農民協會已在好幾縣成立起來，廣州工人代表會在國民黨中央工人部直屬之下成立起來，此時工人還成立了工團軍，農民成立了農民自衛軍。正在此時孫中山因廣東商人反對他，感到地位困難，見此新生的工農勢力擁護他，一時頗爲左傾，十月十五日孫中山堅决的舉兵削平商團，即受工農運動的影響。「商團之變」是廣東當時一件大事。商團爲香港匯豐銀行買辦陳廉伯與佛山大地主陳恭受所組織，受香港帝國主義指示，陰謀推翻孫中山，自建所謂商人政府。在國外私購大批軍火，被孫中山發覺扣留，商人兩次罷市要挾發還，並開槍射擊十月國慶日之遊行羣衆，孫中山十月十五日舉兵將商團擊潰，是爲「商團之變」。

此時廣州還開一個太平洋運輸工人會議，有赤色職工國際代表出席，到中國、爪哇、菲律濱、日本、新加坡等處運輸工人代表，這是太平洋運輸工人的第一次聯合，當然給於中國職工運動之轉機，有很大的影響。

廣州以外，九月八日上海有南洋烟廠工人罷工，參加者七千餘人，因反對廠方屢悔舊有條約另定苛刻條約而起，結果失敗，失業者一千七百多人，這次罷工失業，引起廣州工人之不平，相率抵制南洋烟草入粤，相持數月。我們在上海差不多兩年沒有領導過大的罷工了，這算是第一次「復業開張」。在這次罷工中，爲援助罷工問題，我們與國民黨右派發生激烈的鬥爭。

此外漢口發生八千多人的人力車夫罷工，蘇州發生一萬多人的機織工人罷工，浙江餘姚發生一萬多戶的鹽民罷工，廣州有報館排字工人罷工，這些都表示中國職工運動復興的朕兆。

# 第九章 職工運動復興期

## 北京政變

中國職工運動到一九二四年冬的北京政變顯然由消沉轉到復興期了。從此中國職工運動很快的發展到更高的階段，開五卅運動的先聲，亦卽開一九二五到二七年大革命之先聲。

「北京政變」就是馮玉祥倒戈驅逐總統曹錕的事件。先是一九二二年奉直戰後，直系軍閥卽欲擁曹錕爲總統，其所以未卽實現者，只因直系軍閥內部分爲緩急兩派：緩進派以洛陽吳佩孚爲首，主張暫時利用黎元洪爲傀儡，直系取得實際的政權，然後再利用國會，製定憲法，選舉其義父曹錕做表面的總統；急進派以天津曹錕爲首，當時雖然反對吳佩孚主張，但吳佩孚勢盛，只得屈從。一九二三年七月，急進派一方面經過外交系顧維鈞得到美國帝國主義全力的幫助，一方面得到直系馮玉祥兵力的幫助，遂不顧吳佩孚意志，實行驅黎擁曹。後來賄買國會，逼選曹錕爲總統，於是全國大譁，各界宣言否認北京政府。孫中山被陳炯明驅逐離粵，蟄居上海時，曾與皖系軍閥段祺瑞，奉系軍閥張作霖，締結反直的三角聯盟，一九二四年下半年反直戰爭便開始，首先發生江浙戰爭，接着便發生山海關戰爭。當時英、美帝國主義助直，日、法帝國主義則助奉與皖。戰爭正在難解難分之際，日本運動馮玉辭倒戈，從前線回到北京，舉行政變，於是曹錕被囚，吳佩孚敗走湖北，是謂「北京政變」。北京政變之後，「二七」大屠殺的禍首曹、吳倒台，代之而起的是張、段，又在北方企圖從新鞏固軍閥專政的局面。但他們相互間的衝突更日形劇烈，因此無暇注意妨礙工人的行動，在客觀條件上，給予職工運動的復興，有極大的便利。也就因此，共產黨便在全國範圍內開始恢復工會運動。

## 恢復工會運動

首先是救出「二七」以來被捕入獄的工會領袖，保定、北京、天津及其他各處被捕的工會領袖皆救援出獄。其次恢復「二七」以來各鐵路失業工人的工作；其時唐山鐵路工人在戰爭中被裁汰三千餘人，至此亦恢復工作。同時乘機進行恢復各鐵路及武漢工會的工作：如京漢、正太、隴海、膠濟、京綏、京奉各路工會，或恢復全部，或恢復一部，差不多恢復到「二七」以前的局面。此時最偉大的成績，是二月七日全國鐵路總工會的第二次代表大會。大會共開四天，計到十二路代表，共四十五人，議決要案十餘件。這次大會特別注重進行方針，其綱要如下

（一）恢復所有曾經組織之工會；

（二）整頓現有工會，建立鞏固的組織基礎；

（三）力謀工會之統一；

（四）確立經濟基礎；

（五）救濟失業；

（六）要求以前罷工爭得之條件實行；

（七）爭工人切身的經濟利益；

（八）爭集會言論罷工之自由；

（九）參加國民革命，並參加國民會議，

（十）訓練並教育工友群衆。

大會還聽了太平洋、漢堡、莫斯科三個國際運輸會議的報告，接受美滿的同情，尤其以漢堡國際運輸會議中革命派與反革命派的戰鬥事實，指示了中國工人階級防制工賊之方略。

## 罷工鬥爭蜂起

在此復興期中，各地罷工鬥爭亦隨着蜂起。就中影響最大的就是上海破天荒的日本紗廠二十二家四萬餘人的大罷工，其次就是青島日本紗廠大罷工，我們在下一章須專門加以敘述，這裏只略述各地的罷工。

首先是膠濟鐵路罷工。一九二五年二月三日，該局工會提出承認工會爲工人代表機關，恢復因辦工會失業工人的工作，加工資三元，每年發免票二次，立發獎金五條件，舉行罷工。結果相當勝利，計罷工八日。即正式成立膠濟鐵路總工會。其他各鐵路未曾罷工，但皆提出恢復「二七」以前的條件，發生普遍鬥爭，有些地方，完全勝利。

此時最饒興趣的北京的罷工。北京雖爲首都所在之地，而近代工業可說絕無僅有，但此時該地的罷工鬥爭，却呈空前未有之現象。一月電車罷工。三月織布廠罷工。財政部印刷局一千八百人罷工。菜園工人三百九十八家罷工，隆華造紙廠工人罷工，鐵舖工人罷工，瓦木匠罷工。四月，瓦作工人六千餘人罷工。北京附近之宣化皮行工人五千餘人罷工。這些罷工均係要求增加工資與改良待遇。

再說到武漢的罷工，此地雖仍爲直系軍閥最後根據地，但其統治力已不如前鞏固，工人乘機而起。一月，漢口人力車夫的罷工，英美烟廠罷工。四月，武漢三鎮糟房工人罷工，漢口漢陽織巾工人一千餘人罷工，五月漢口和記蛋廠一千餘人罷工，英美烟廠四千餘人罷工，武昌印刷工人罷工。這些罷工，亦係經濟鬥爭性質。

再說到廣東的罷工。廣九粵漢兩鐵路和兵工廠皆發生罷工，最出奇的，是民船三千餘隻的罷工，和順德生絲女工十萬餘人的罷工，聲勢極爲浩大。

其他各地如唐山紗廠的罷工；杭州布廠一萬餘人罷工；蘇州、長沙、南京、宜昌的人力車夫罷工，甚至於奉天亦有幾個工廠發生罷工。

總而言之，這些都是表現中國職工運動已經進到復興期了。

## 國民會議運動與工人階級

此時有一事不能不說到的，就是國民會議運動。北京政變之後，馮玉祥歡迎孫中山北上，張作霖段祺瑞亦不便出頭反對，於是孫中山離粵北上。共產黨向孫中山建議，發表北上宣言，「召集國民會議」及「廢除不平等條約」這兩大主張，當時得全國群衆之熱烈同情與擁護。及孫中山抵京，段祺瑞則以「善後會議」代替「國民會議」，於是國民會議遂停而不行。共產黨乃於段祺瑞召集善後會議之同時，另行召集全國民衆團體開「國民會議促成會」於北京，以與段祺瑞之善後會議對峙。此次國民會議促成會，各地工會皆派代表積極參加，做了會議中的主幹。雖然此次會議的決議，並未發生效力，而且不久因孫中山逝世，國民會議運動事實上歸於停頓，但工人階級却受了此次運動不小的影響，中國工人階級從此登了政治舞台，做了政治舞台上的一員最强悍的戰將。

# 第十章 上海日本紗廠大罷工

（附青島日本紗廠大罷工）

## 日本在華的紡織業

日本在華設立紗廠，是日本帝國主義實行經濟侵略的一個有力的手段。它在華設廠的原因 一是因中國有廉價的勞動力，二是不要納付關稅，便可將生產品賣給中國人，以佔取中國的市場；三中國殘酷的軍閥政治，絕對禁止工人的集會及一切政治自由，而且在租界內更純然是外國政府，對待中國「下等人」可以用對待牛馬的法子。這都是日本資本家在他們本國求之不得的。所以日本資本家樂於在中國開設工廠。

一九二五年，日本在中國境內的紗廠共有四十一家；在上海有二十七家，在青島有九家，在滿洲有五家，總共用中國工人八萬八千餘人；在上海約五萬八千人，在青島約二萬二千人，在滿洲約八千人。與中國本國紗廠相比，日本紗廠數與雇用工人人數皆佔三分之一（華商紗廠七十六家，雇用工人一十五萬八千餘人，英國紗廠三家雇用工人二萬人）。這可以看出日本紗業在中國的勢力，特別在上海更為強大。

並且日本紗廠差不多是國家資本，譬如內外棉株式會社總共有一十九個工廠，在日本的僅只三廠，其餘的在上海有十一廠，青島三廠，滿洲兩廠。所謂「內外」即指國內國外而言。這樣一個雄厚的國家資本企業，（就是其餘的日本紗廠亦有國家銀行做後盾），幼稚的華商紗廠那裏是它的敵手！所以歐戰時中國民族紗業有一度突飛猛進的發展，然而敵不過日本資本之競爭與壓迫，到一九二二年以後，便發生劇烈的恐慌，中國人自己辦的紗廠，有許多被日本人吞併了去。這也就是中國資產階級在那個時期發生反帝國主義（特別是日本）的高度情緒的原因。

## 日本資本家對中國工人的壓迫

日本紗廠對於中國工人非常苛待，不打即罵，慘無人道，甚至打死童工的時候都有。工作時間是日夜輪班，每班十二小時，夜工並不加錢。工資很低；最少的只二百餘文一天，合銀幣不過一角。工人住的房子，是三四家甚至七八家合住於一間小屋，竈床疊架，隔以薄板，吃的是餵豬的食料。甚至於廠中還有這樣的情形，大便也受限制，須領照牌方能去大便，但五百人用二個照牌。另外還有一種「儲蓄費」，每月在工資裏扣除，但工人死傷疾病的時候，却並不發還，只有每月另發很少的「儲蓄賞」（俗稱「紅簿子賞」），然而差不多個個工人每次領工資時，都要被廠裏藉故尅扣，結果所謂「儲蓄賞」仍舊扣去。再則其中童工女工很多，所受欺壓更甚；成年男工總要比較强硬些，因此，廠裏更有一種極奸狡的陰謀，另外專養一批男女幼童叫做「養成工」，平日施以奴隸教育，等到長成之後，便想一批一批的將他們調換成年男工，把那些「不安分」的成年男工開除出去，使全廠都是些自己養成的女人小孩子，可以隨便虐待剝削而不反抗。這次罷工，便是因爲有一廠開除一批男工，將「養成工」去替調，並且拘捕工人代表所引成的。

## 罷工的爆發

在一九二四年的夏季，我們在小沙渡辦了一個工人日夜校，不久便成立滬西工友俱樂部，由孫良惠同志主持，成立數月，加入的不過七八十人，但都是各廠先進分子，我們在此地也發展初步的黨的組織。

一九二二年二月一日，內外棉第八廠因粗紗部男工整批被廠家開除，自動罷工（俗稱「搖班」）。我們知道了，勸工人暫行停止，先去領取工資。四日等工人到廠中去領工資，日本人不但不給工資，並且又拘去工人的代表。工人們忍無可忍，遂一致罷工。滬西工友俱樂部向廠家提出的條件是：一、以後日本人不准打人；二、增加工資二成；三、第八廠辭退的工人須完全復工；四、承認俱樂部有代表工人之權；五、罷工期內工資照付；六、以後職工非犯通姦鬥毆等事者，不得無故開除。當時把這條件並做成傳單發給各廠工人。廠方面當然置之不理，並佈置偵探，陸續捕去工人活動分子，工人愈憤，二月九日大罷工遂爆發了。

內外棉第五廠東西兩廠首先發動，九日下午當日夜班換班的時候，工人高呼「搖班」蜂擁而出，廠中即將廠門關閉，羣衆則以巨木碎門而出，或爬牆而出。出來之後，即渡濱（小溪）到潭子口田野間集合（此地爲中國地界，爲一荒僻曠野，僅有田舍數家，與租界一水之隔），開羣衆大會，並有各廠夜班工人亦在中路聞訊隨同參加，約萬餘人。首先一桿白布大旗，就是「反對東洋人打人」。羣衆異常興奮，在我們熱烈演說中，工人將其頭上之帽撕毀擲地，加以脚踐，大家說：「我們中國人不戴東洋帽子」（按此帽爲廠中所發）。我們當即宣佈紗廠工會成立，並叫羣衆聽工會的命令，明日仍來開大會，羣衆歡呼贊成。當即組織隊伍在各路口勸夜班工友勿去上班（俗稱「掘擺渡口」又稱「斷口子」）工會連夜辦公。

## 罷工的蔓延

影響所及，九日晚，第九，第十三，第十四廠繼續起來響應罷工。十日第三、第四廠亦罷工，還有幾個未罷工的，於是羣衆自動帶隊「打廠」，公然又打下幾廠，相率罷工（這是上海一特別現象，此廠罷工，彼廠工人本欲響應，但不敢發動，希望已罷工者前去打廠，一打便罷，此風傳染至今，尚未完全停止）。十二日，曹家渡的豐田紗廠亦自動響應，後來這種影響傳到楊樹浦，又有數家日本紗廠罷工。總計罷工者有二十二廠。小沙渡方面，爲內外棉共十一廠（所有內外棉在上海之廠全罷工），日華全廠，同興兩廠，及製麻布袋一廠，曹家渡豐田一廠，楊樹浦方面爲大康兩廠，裕豐一廠，公大一廠，東華一廠。參加人數共四萬餘人。在上海日本紗廠，只有浦東的日華兩廠與楊樹浦的上海紗廠三廠，東華兩廠，共七家未波及。總而言之，在上海的日本紗廠差不多都要轉入漩渦。

## 日本帝國主義的膽戰心驚

在上海發生這樣一個破天荒的偉大罷工，自然出乎日本帝國主義意料之外，眞使得帝國主義胆戰心驚。

起初時，日本「小鬼」還只利用豢養的包探誘捕工人中的活動分子，但工會係在對河華界，不在租界，他們無計可施。有些包探混過來時，反被工人發覺，飽以老拳，因此包探相戒不敢再來。

日本「小鬼」再來一計，收買所謂「上海工團聯合會」這一班工賊，以援助名義前來參加，並用「反共產主義男女勞動同盟」大發其傳單，罵共產黨，但革命情緒異常之高的羣衆，那裏相信那些鬼話？工人氣勢洶洶，趕着追逐，那班工賊也不敢來了。

於是日本「小鬼」就放謠言：一面說此次罷工是中國資本家從中挑撥和資助，一面又說此次罷工是赤化，是受了蘇俄的津貼。總而言之，他是一方面想藉這些謠言和其他帝國主義結成聯合戰線，共同對付中國人，一方面則藉赤化謠言，威嚇中國軍閥壓迫工潮。不過帝國主義雖然一致，如租界巡捕房確實每天在幇日本人捕拿工人。但羣衆都在華界，他們無可奈何。至於中國官廳均奉系軍閥，初至上海見輿論同情工人，亦不敢公然斷行壓迫。

日本「小鬼」急了，一面由日本調來幾艘軍艦來華實行武裝示威，一面由日本公使向北京政府提出國際交涉。於是勞資爭議一變而爲國際交涉。惟此時全國國民會議與廢除不平等條約的氣燄正高，段祺瑞政府亦不敢公然袒日仇民，又無多大效果。

此次罷工的確使得日本帝國主義寢饋不安，上海「日本紗業聯合會」天天會議應付，上海日本報紙天天宣傳，是不用說；甚至於驚動了日本本國紗業界，不斷地派人來華援助，後來連日本紗業聯合會總領袖亦不得不親自來華了。

總一句話，此次罷工造成一個震動遠東的嚴重事件。

## 罷工的戰術

中國共產黨自成立以來，便在上海做職工運動，但是，總做不起來，做起來一點，便又覆滅。一九二二年多，日華紗廠，英美烟廠與金銀業所謂三角同盟罷工失敗以後，什麼也沒有，僅僅還保有一部分很小的印刷工人和機器工人，再加上一部分店員。二七失敗的消沉期中，簡直沒法活動。一九二四年下半年，黨方有相當的活動，開始參加絲廠罷工與領導南洋烟廠罷工。這次日本紗廠罷工之來，黨當然認爲是生死關頭，於是由中央組織專門指揮這次罷工的委員會，指定李立三同志和鄧中夏同志負總責，並命令上海黨部全體動員，但當時上海黨員人數非常之少，不過百餘人。要領導這樣一個規模偉大的罷工，不能不於罷工戰術上去求勝利，我們這裏略略叙及。

這次罷工可以說是突如其來，是羣衆自動的發動，而不是黨預先的籌劃。二月二日第八廠發動後，黨才開始討論，但那時黨便緊緊地抓住這一個機會。但當時還不知道日本紗業亦發生恐慌這一回事（中國紗業恐慌當然知道）。罷工之時，正是紗價低落，美棉奇漲的時候，假使是中國紗廠，罷工一來，便有乘機閉廠的可能，然而日本紗廠究竟資本雄厚，足以維持，並且此時正是日本紗廠加緊打擊中國紗廠的時候，自然不顧因罷工而閉廠。我們在罷工中，知道日本紗業恐慌時，就是如此估計，所以我們一直進攻到底。

罷工既由羣衆先行自動，所謂組織，僅僅只滬西工友俱樂部的七八十人，很顯然的，罷工開始時完全是原始狀態，劈頭的一個問題，就是如何領導羣衆，能有組織的作堅決的鬥爭。所以「激發士氣」，和「穩定戰脚」是目前當務之急。我們在這一點上花費不少氣力。我們那時差不多每日一次羣衆大會，每日有幾種新鬧式的而且是俚歌式的傳單。羣衆是切忌死板生活，所以每日必花樣翻新，然後羣衆方覺得新鮮活潑而更興奮，我們開大會不僅講演，而且把羣衆編排起來，首先是各廠歸各廠排隊，舉起代表來，組織代表會議，隨後又由羣衆隊伍中挑出若干人編成糾察隊，立時教以簡單的訓練，派到各處守衛，及在各要隘勸阻工人上工。這樣一來，羣衆漸漸有了組織，而工會才能眞實指揮。

雖然如此，如無新的生力軍加添，羣衆必至感覺孤立無助而動搖。所以我們那時盡量擴大罷工，差不多罷工的前半期，每日必有新的工廠罷工加添，有些是自動的罷，有些是被煽動宣傳而罷的。到後來罷工風潮波及於楊樹浦，我們倒有一度遲疑，因爲小沙渡與楊樹浦一樣是原始狀態，如若兼顧，勢必顧此失彼。但楊樹浦工人迫不及待，情緒異常之好，我們也毅然決定罷了。因罷工一擴大，給此次罷工以巨大的影響。

再則就是取得外援，我們聯絡小資產階級社會團體發起「罷工後援會」，慰勞、捐款，並請求輿論援助，因此羣衆更覺得勢力不孤。

上海是流氓的淵藪，應付流氓亦是當時任務之一。就是工人中亦有不少的流氓，當時有力的工人領袖，不少是清幫洪幫，他們是有老頭子的，罷工時自然不能不拉攏他們，必要時甚至還須請老頭子吃吃茶，講講「抱義氣」。因爲罷工的口號是「反對東洋人打人」，流氓中多少有點民族觀念，因此，亦有不少老頭子表示贊助。自然罷工在階級鬥爭中的意識格外明瞭，原是清幫洪幫工人此時也不大聽老頭子的話了。如流氓明顯破壞罷工時，羣衆不客氣便以老拳奉送。在此緊張空氣中，流氓有的

變好，有的畏縮，有的反動被羣衆加以重懲，流氓亦起分化，

罷工工人在潭子口鬧得太兇了，帝國主義在對河眼睜睜的無可如何，自然逼迫中國官廳取締。群衆每日開大會，練隊伍，無人過問。忽一日，上海警察廳派來武裝警察數百，蜂擁而至，將羣衆包圍，實行解散羣衆，我們在墓墈上（因爲墓堆就是講台）大聲高呼：「我們被東洋人壓迫了。中國人不要壓迫中國人」，羣衆和聲如雷，聲震天地，警察見羣衆氣盛，只得退處一旁。

這次罷工的範圍完全限於日本紗廠。中國紗業資本家因年來被日本資本排擠壓迫，積不相容，仇日極盛。我們看清了中日資本家衝突這一點，一面暗中散佈空氣，說這次罷工於中國紗廠是有利益的，中國紗廠應該起來幫助工人取得勝利，一面公開提出「抵制日貨」，日本紗廠搬回日本」的口號。此時中國紗業資本家確有利用工人報復日本的意思：他們居然用華廠工人的名義捐了一千元與罷工工人。這樣一來，日本紗廠更恐慌了。

這裏須說到我們一次的失策。罷工約十日，雖然日本帝國主義曾暗示小沙渡中國的商界聯合會以街坊名義出任調停，但沒有結果，罷工延長下去。打廠之事，工會認爲可一不可再，約束羣衆不能再做。因爲第一次做時或可乘其不意，攻其不備。如果再做非碰上釘子不可，有損銳氣。但羣衆則不然，天天向工會：「喂！我們總是文對之，到底幾時武對之」；有一天羣衆自動要求非要闖入租界不可，我們同志亦有主張非去不可的。我們當時對他說：「不可去，你要去誰負責？」那個同志說：「好！我負責！」這樣，羣衆便如潮水般浩浩蕩蕩向租界衝去了。還沒有到租界口，中國警察上前攔阻，工人大憤，扭打起來。警察便乘機借口工人毆打警察，派出大隊警察持棒打得工人落花流水，羣衆潰散，被捕者五十餘人。鄧中夏同志當日亦被捕。

## 調停與解決

但工人雖遭打擊，却仍堅持如故，雖然潭子口的羣衆大會因受警察干涉不能再開，但却因社會輿論同情工人，故警察不敢封閉工會。故罷工之事，仍得進行。同時罷工工人因受了十餘日的訓練，已由原始狀態進於組織狀態。「聽工會的命令」，這一口號已深入於羣衆腦中，因此得以支持。

此後，上海總商會出任調停。二月二十五日，日本紗廠代表與調停者總商會會長、交涉使、淞滬警察廳等共同商議，並約工人代表出席，當時工人代表提出條件是：

（一）嚴禁毆打工人；
（二）增加工資一成；
（三）工資每兩週發給一次；
（四）回復辭歇的四十人之職務；
（五）罷工期內工資照付；
（六）公司規定獎勵勤勉的工人，廢止儲金的制度；
（七）無故不得辭歇工人；
（八）釋放被拘工人。

日本資本家對於上面的條件的解答是：

（一）對於第一項，公司的日本人，對於中國的職工，是有同情親切的態度的，公司方面，嚴禁毆打的事情，將來也與此取同樣的方針。

（二）公司所給工資，比較中國廠與外國所營的工廠爲多，所以不能增加。

（三）第三項無異議，公司正在實行中。

（四）辭職的工人，不能復職。

（五）第五項不能同意，但在罷工之初，曾聲明上工者每日支付罷工期內工資三成。

（六）第六項職工略有誤解，此種儲蓄制度，與工資無關係的，是因增進職工福利起見，而任意賞給的。

（七）無理決不解僱工人的。

（八）第八項是工部局警察廳所拘禁的，釋放工人，在公司權限之外。

日本帝國主義的解答眞聰明，把工人的要求推得一乾二淨。上海總商會便出賣工人了，它以爲第二、四、五、七及第八項不必提出，遂取消而以下列的條件代之：

（一）不虐待工人，如有虐待情事，可稟告工場長，以待工場長公平的解決。

（二）工人復工者，可照以前的辦法。

（三）儲蓄獎金依公司規定，滿五年者可以支付，中途退職由公司規定，如成績佳良者照給。

（四）工資兩星期一發。

最後的結果：

（一）不許無故打人；

（二）依照工作的勤惰增加工資，

（三）不許無故開除工人；

（四）發還儲蓄金（原本公司押下的工資預備十年後發還的押金，如果工人被開除是不發給的）。

由這四個條件看來，可說工人完全失敗，但在精神方面，工人是勝利的。因為罷工總算得一個結果，這個結果在工人看來，是由他們奮鬥得來的。從此他們相信團結的重要了，相信工會了，於是加入工會的大大地增加了，數日之內，小沙渡由千人增加到六千人，楊樹浦增加到三千人，各工會也發生工會小組的組織。

## 五卅事件的導火線

工會仍在潭子口存留，由劉華同志主持。劉華同志便是在此次罷工中訓練出來的，他原係一印刷工人，後來入上海大學附中做半工半讀學生，在此次罷工中表現異常勇敢勤勞，而且善於煽動，於是工人甚為愛戴。此時，我們按各廠企業組織工會，如內外棉紗廠工會，日華紗廠工會，同興紗廠工會，豐田紗廠工會，太康紗廠工會，公大紗廠工會等等，並於各廠設立工廠委員會（實際上即分工會，於是後來有同志誤會說「工廠委員會中國早就有了」，其實它不備蘇聯工廠委員會的性質，抑且無西歐各國工廠委員會的作用），其下並按各工作處組織支部。從此我們在上海才立下一個空前未有的工會組織基礎。會務發達，蒸蒸日上。

工會日益發達，在另一方面則引起日本資本家的恐慌，他們以為如果任工人這樣下去，那麼，那將來的禍患是不堪設想的。廠中糾紛又層出不窮，工會便出頭代表工人利益與廠家交涉。工會的用意，是這樣辦成習慣，即使工會在條文上未得到明白的規定，但在事實上已被廠家所承認。日本資本家於是決心反對工會了。五月七日那一天，會集了日本紡織同業會，商議取締方法如下：

A、主義者指揮工會，強制勞動者加入，每每惹起鬥爭的原因，所以日本紡織同業會，不能承認；若職工有所要求，可直接提出於工廠，不能有組織工會的關係。

B、若因此決議，而工會唆使工人罷工者，同業會決取強硬的態度，處置工人，並可鎖閉工廠。

C、關於第二項決議，當十分取締工會的活動，與上海工部局及中國官廳交涉。

工人知道後，內外棉第三第四廠工人首先不服，發生罷工，第八廠也略有動搖，但工會知道時機不好，叫工人在此時期內只能取怠工的方法（怠工的方法很多，如做得慢，做得壞，損壞機器，損壞貨物等都是），不用罷工的手段，所以十一日無條件復工了。日本資本家方面從此益加強硬，以為如不開除不良分子，那麼勞資爭議事件總是不會停止的，五月十四日第十三廠開除工人兩名，因此引起工人第二次罷工，到第二天，第五廠響應，第七廠發生槍殺工人顧正紅的慘劇，於是成為五卅事件的導火線，以至於激起一九二五年到一九二七年的中國大革命。

## 青島日本紗廠罷工

這裏須附帶敘述青島日本紗廠罷工。青島日本紗廠罷工不用說是上海日本紗廠大罷工的直接影響。日本自從在歐戰時由德國手中奪取青島後，經營不遺餘力。在工業方面，就紗業而論，在四方有內外棉三廠，大康，隆興各二廠，在滄口（距離四方二十五里）有富士、鐘淵、長崎各一廠。共有工人二萬二千餘人。除紗廠而外，如火柴、麵粉、榨油等廠約四萬人，合計青島日本工廠有六萬餘人。此時名義上雖經中國收回，但實際政治上和經濟上日人仍有支配和操縱的權力。北京政變以後，奉軍南下，山東歸其掌握，但此時山東尙有直皖兩系軍隊，軍事行動尙未停止，故奉系勢力還未穩定。

青島日本的紗廠勞動條件與上海日本紗廠不相上下。所稍異者，只此地工人成分，其中女工佔百分之十，童工佔百分之六十，男工佔百分之三十，比上海略略好些。

青島日本紗廠和上海日本紗廠因爲多在同一個企業之下（如內外棉，大康），關係自然密切，小職員和工人時有調換情事，所以青島紗廠工人很容易直接受到上海的影響。四方這個地方又是膠濟鐵路機器廠所在地，其時膠濟鐵路發生一次成立總工會，鐵路工人以全力提携紗廠工人，於是紗廠工人又得到眼前的一副興奮劑。

開首就是一般練習生最爲活動。先是大康紗廠在濟南招了一班練習生到廠內工作，這班練習生大半都有高小畢業和中學一二年級的程度，他們向具狹義愛國反日的思想，復感日本資本家苛待壓迫的痛苦，今受上海紗廠罷工和膠濟鐵路罷工的影響，於是暗中聯絡工人組織工會。

四月初旬紗廠工人便起來組織工會。不幸關於組織工會的文書及加入工會的名册等，爲日本資本家發見，資本家乃極力壓制，如大康廠主得了上海的敎訓，就先發制人，武力壓迫，實行搜查工人宿舍及身體，開除工會發起人，捕拿活動分子，甚至非刑拷打。但這樣一來，反而激起工人的憤怒，工友會議決提出下列各條件：

（一）日工十小時，夜工八小時；

（二）取消房價；
（三）每年發給花紅；
（四）每年准工人告假一月；
（五）每日增加工資一角。

日本資本家當然不能容納，工人遂召集緊急會議，議決二十一條，限廠方二十四小時答覆：

（一）承認工會；
（二）日工加資一角；
（三）包工加資百分之三十五；
（四）夜工飯錢，自本月起，一律加倍；
（五）取消壓薪制；
（六）取消二割引制（按即二成儲蓄，只大康紗廠特別規定）；
（七）因公受傷，工資照付，醫藥在外；
（八）一律免收房費；
（九）延長吃飯時間至一小時；
（一〇）不得打罵華工；
（一一）每年內給假期一月，假期內不得開除工人；
（一二）規定保護女工，每月給生理假二日，工資照給；
（一三）減少童工工作時間，每日不得超過八小時；

（一四）對工人懲戒解僱，由工會同意後方可處分；

（一五）公司罷工人之款，應交給工會作爲工人教育費；

（一六）以後不得藉故開除工人代表；

（一七）應當規定工人有得花紅的利益；

（一八）此後公司待工人一律平等；

（一九）罷工期內不扣工資，

（二〇）公司承認此項條件後，應該雙方訂立合同，簽字，蓋章；

（二一）訂立合同應該有證人作保。

四月十九日首由大康紗廠罷工，至二十三日內外棉紗廠亦繼續響應，二十四日隆興、日清兩紗廠也捲入漩渦。各工廠工人所要求的條件，除「工人死亡時給予一年工資撫恤遺族」一條之外，餘均與大康的二十一條大略相同。罷工人數約一萬名，同時其他各廠亦有動搖之勢。青島日本絲廠恐遭波及，不得已讓工人在工潮未解決以前，停止工作；凡要回鄉的，由絲廠發給旅費。二十六日滄石鈴木絲廠也罷了工，工潮益形擴大。隨後銀月、鐘淵各廠又罷工，富士廠亦覺不穩。

日本資本家方面當大康罷工開始時，態度非常强硬，斷絕工人伙食，而工人只吃六個銅板的大米。又用軍隊包圍工人宿舍，而工人就在街上露天的睡。到二十三日才向工會代表提出下列三條：

（一）麵粉由公司廉價供給；

（二）現在規定的吃飯時間三十分鐘外，無論日工夜工給與十五分鐘的休息；

（三）無論日工夜工各加補助金一錢（日金不及華幣一毫）。

工人不滿意，仍舊支持上去。內外棉、隆興、日清等罷工之後，日本公使向中國政府要求取締風潮。一直到後來工潮擴大到滄口各廠，日本資本家方着實恐慌了，催促中國官廳禁止，一面逮捕工人領袖，一面解散罷工後援會。此時我們的戰術，有許多是利用上海的經驗。由上海紗廠工會派出代表前往援助。青島歷年受日本的壓迫，一般市民痛恨已深，又值收回青島運動之後，民氣極爲激昂，此時工人罷工，地方各團體多表同情，青島大學學生糾合各團體成立罷工後援會，捐資援助。同時我們還放了威嚇資本家的空氣說：「如果廠方不承認青島工人的要求，上海就要同情罷工。」上海紗廠工會公開宣言及致函日本資本家道及此意。上海大罷工的餘威猶存，於是日本資本家害怕了，終於不能不承認青島工人相當的條件。

最後由青島日本領事同中國商會等出任調停，召集勞資雙方，議決條件如下

(一)改善工人待遇；

(二)食費加給一錢(日金)；

(三)工作中受傷的工人，支給工資及藥費；

(四)吃飯時休息三十分鐘；

(五)休息時間晝夜勤務各爲十分，在午前三時及午後三時以後；

(六)復工的工人支給兩日工錢，但五日不復工的工人不在此限；

(七)工錢從速支付；

(八)工人賞錢，公平辦理；

(九)不毆打及辱罵工人，有犯過的給予相當戒勸。

工人於五月十日復工，計罷工二十二日之久，當上工的時候，又起了衝突，因爲資本家宣佈於早晨復工，而工會宣佈晚間復工。這個辦法在鬥爭上是有很大的意義，一則可以表現工會的威力，二則可以預防上工後資本家再來壓迫，結果還是晚間復工了。

工會組織從此益加鞏固，但就因此而遭日本資本家之大忌，要求中國官廳解散。中國官廳聽從日本人的要求，拘禁工會辦事人員，工人大憤，於五月二十五日第二次罷工。大康、日清、內外棉廠等都一齊發動。日清紗廠工人雖然停止作工但並不退出工場，仍在工場中高唱勞動歌，當時督辦雖有訓諭，但毫無效果。二十八日日本驅逐艦樺欅兩艦，從旅順入港，中國官廳也派奉軍到了青島，同時保安隊消防隊，也奉了戒嚴司令部的命令出防，廠主遂借了軍隊的勢力實行閉鎖工廠，勒令工人出廠。在紛亂的時候，軍隊發槍射擊工人，死者二名，重傷者六名，輕傷者十餘人。同時中國官廳封閉工會，盡力檢查壓制，工人無從活動。後來工人爲生活所迫，同時亦有少數爲廠方所誘，於六月十四日，三廠同時開工。起初時上工的工人還不多，後才漸漸增加，第二次罷工風潮遂在血泊中鎮壓下去了。

# 第十一章 第二次全國勞動大會，中華全國總工會的成立

## 大會的發起與召集

一九二五年上半年中國職工運動進到復興期以後，從政治經濟社會各方面觀察，顯然有許多徵兆預示着革命高潮不可避免的快要到來。共產黨當時的任務，無疑的首先需要擴展和鞏固自己階級的力量，因此召集全國第二次勞動大會成爲再不可緩，遂決定於五月一日在廣州召集。

依照一九二二年第一次勞動大會的決議，這個大會應該由中國勞動組合書記部召集。但共產黨當時對於召集問題，頗費一番斟酌，原因是自從國民黨改組一年以來，民族解放運動的潮流固然日有增高，然而同時「反工農」，「反共產」，「反蘇聯」之反革命口號也日益普遍。——革命鬥爭的劇烈和階級分化的過程是相並而行的。最明顯的是國民黨右派，國家主義派，他們在當時非常活躍，他們並且還積極破壞工人運動，收買一部分工賊，組織什麼「勞工反共產救國同盟」等。真的，他們還有這樣一種企圖，就是擬用工賊工會的名義召集全國工會大會，組織所謂「全國工團聯合總會」，他們當時在天津確已發行一種報紙，專門躲在「工會」名義之下反共產。中國勞動組合書記部，當然是他

們攻擊的目標。他們說書記部就是「過激派」，過激派這一名稱，在當時許多落後工人中確是莫明其妙，而且有相當的恐懼，如用書記部名義召集，有可能可使這一部分落後工會觀望不前。再則「二七」失敗以後，我們已不常用書記部的名義去做職工運動，因爲我們此時最注意是去成立產業總工會，凡屬某產業的職工運動即用產業總工會去做。在事實上我們已成立全國鐵路總工會和漢冶萍總工會。因此，共產黨決定沒有必要用書記部名義召集此次大會，而由鐵路總工會漢冶萍總工會邀同海員總工會和廣州工人代表會共同發起，適海員總會赴北京國民會議促成會之代表蘇兆徵同志經上海（蘇同志也就是此時加入共產黨），共產黨和他接洽，蘇同志完全贊同。因此，這次大會就由全國鐵路總工會、中華海員工業聯合總會、漢冶萍總工會、廣州工人代表會四大團體發起召集。

最可笑的，是四個大團體登報發起召集以後，工賊工會也登報說什麼這次大會「其用心險惡」，「不能令其代表全中國之無產階級」等等鬼話，這當然不用說無損於這次大會之毫末，果然，還有深遠的歷史意義的第二次全國勞動大會於五月一日在廣州開幕了。

## 空前的工農兵大聯合的示威與會議

廣州此時有兩個大會，除全國勞動大會外，還有廣東全省農民代表大會亦在廣州舉行。五一勞動節上午，這兩個大會偕同廣州市全體工人，四郊農民和青年革命軍士，舉行了十萬人以上之大示威的遊行。在這樣的大示威的遊行中，的確不僅可以看見被壓迫羣衆形式的團結，同時使人奮發注意的是工農兵三種被壓迫的羣衆到處都表現同一的心靈，同一的希望。的確，這是中國有史以來第一次工農兵大聯合的表現。

最有興趣的，是赤色職工國際派赴廣州參加勞動大會的代表奥斯脱洛夫斯基同志亦出席演說，當他登台演說時，台底下紅旗招展，呼聲震天，「全世界無產階級聯合起來」，「赤色職工國際萬歲」之聲不絕於耳。他演說中最警策的語句，爲中國工人至今所不能忘的，是：「工會是炮台，堅固的建立起你們的炮台，打倒資本制度」。

當晚，工農兩大會便共同在廣州大學大講堂舉行開幕典禮。青年軍人聯合會及革命學生亦派代表參加。到會者一千多人，代表有組織的工農羣衆七十多萬。除主席宣佈開會，工農兩大會各派一人報告工人運動和農民運動的經過外，並有赤色職工國際，共產黨中央，國民黨中央及工農兩大會的代表及青年軍人聯合會代表演說。全體一致通過工農兵聯合決議案如下：

「全國勞動大會代表，廣東全省農民大會代表，革命軍人代表，革命學生代表，在廣州舉行盛大的聯席會議，一致認定打倒軍閥和國際帝國主義的革命，解放勞苦羣衆的革命，只有工農兵一致團結才能成功。

全國工農兵大聯合萬歲！

全世界工農兵大聯合萬歲！

全世界革命萬歲！

打倒帝國主義！

打倒軍閥！」

無疑的這個決議案在中國革命運動史上有偉大的歷史意義。

## 大會的經過

這次勞動大會，計到代表二百八十一人，代表工會一百六十六個，代表有組織的工人五十四萬。大會共開七日。

這次大會的召集，工賊工會雖然搗亂沒有成功，但工賊工會却致電廣東、香港兩地工會，勸其反對大會。的確還給了我們相當的困難，因爲廣東香港當時工會都不統一，當時香港工會情形是這樣：工團總會一派，華工總會一派，其餘尙有機器，起落貨，煤炭，洋務數大工會無所屬。廣東工會的情形也是差不多：廣東總工會一派，機器工會一派（這兩派有親屬關係），廣州工人代表會一派，雖然廣東總工會和機器工會在表面上是加入廣州工人代表會的，但是廣州工人代表會是差不多在共產黨影響之下，政治上獨立的成一派別。在大會未開以前，大會籌備處派人邀請香港工團總會和廣東機器工會都被拒絕。他們表面上是吃醋，比方香港工團總會覺得不用工團總會名義發起而用其所屬的海員工會名義發起，大爲不滿；廣東機器工會覺得不用老資格的機器工會發起，而用新起來的廣州工人代表會發起，也表示不滿。其實骨子裏却是另一回事，香港工團總會和廣東機器工會都爲黃色領袖所把持，甚至他們的領袖之中，還包含有資本家的成分，他們受上海工賊工會的慫恿，拒絕參加大會，很明顯的只是階級分化的反映，當然不是偶然的。大會籌備處是設盡方法，邀請他們到會，因爲他們的工會領袖雖壞得不堪，但擁有很多的工人羣衆。結果，香港工團總會因海員工會之敦促（海員工會爲該總會的台柱子，故黃色領袖不能相當聽從）是到會了，而廣東機器工會却始終拒絕到會。

這次大會的成分，不像第一次大會那樣複雜，此時無政府黨已匿跡消聲，他們在工會中的活動也已停止。流氓的市儈的招牌工會根本爲大會所擯斥。大會中最主要成分，當然是共產黨所領導的工會，其次是與國民黨有關係的工會，自然還有不少無黨派的工會，因此大會之進行，是異常順利的，幾乎未遇到若何意見上的衝突。只當選舉主席團的時候，引起小小糾紛，原來主席團名單中本有香港工團總會代表，該會代表突然聲明，說不能接受，因爲該會派他們來，只是來看看大會的情形，不是來當代表，更說不到當主席。經大會代表羣相督責，該會代表在大會的權威之下，不得不承認接受。員的，這樣一來，該會代表一直到終會，都不敢退席，也未發生異言。

大會的成績是很多的，通過決議共有三十多個。最主要的是：（一）工人階級與政治鬥爭決議案；（二）經濟鬥爭決議案；（三）組織問題決議案；（四）工農聯合決議案；（五）剷除工賊決議案；（六）中華全國總工會章程；（七）加入赤色職工國際決議案。在大會上羣衆所最熱烈注意而激昂歡呼的是四件事：工農聯合；剷除工賊；組織全國總工會；加入赤色職工國際。這不是偶然的，這四件事剛剛是當時中國工人階級所最迫切需要的東西。

# 工人階級與政治鬥爭的決議案

## A 工人階級必須作政治鬥爭

（一）工人階級的每個經濟鬥爭，同時，一定要變成政治鬥爭；這是因爲資產階級在經濟上優越地位是依靠在政治上優越地位之勢力保障之上，當工人階級開始搖動資本家的利益時，資產階級必定盡力用他們的國家機關之權力及軍隊、警察、法庭、監獄等壓迫工人的行動。

（二）工人階級的利益與帝國主義者軍閥資本家的利益是絕對不能調和的，雙方利益之衝突，就是階級鬥爭，調和就是犧牲工人利益，工人爲改良自己生活狀況，必須不斷的奮鬥，但工人階級要達到完全自由，只有在工人階級推翻資本制度自己掌握政權之後。

（三）我們敵人力量很大，他們據有經濟上的優越地位，更握着國家的政權、軍隊、警察、監獄等有形的壓迫機關，學校、宗教、報紙等無形壓迫的麻醉方法，這都是資產階級制服無產階級的武器。而且在中國每個階級總是相聯合向無產階級進攻。階級鬥爭就是一種戰爭，我們無產階級在此戰爭中的重要武器，就是團結，不分國界省界、手藝、宗教、性別的階級團結；自經濟鬥爭到政治鬥爭，自爭求自由的政治鬥爭到奪取政權的政治鬥爭，都要依靠這個武器。

B　工人階級對於民族革命的態度

（一）帝國主義及軍閥統治中國，民族革命是唯一的出路。

（二）世界無產階級的革命，是要推翻資本制度，但殖民地與半殖民地無產階級，更多受一層帝國主義的壓迫，殖民地及半殖民地的民族革命是要推翻這種壓迫，而成爲世界革命之一部分，因此中國無產階級必須參加民族革命運動。

（三）民族革命雖然是各階級共同參加的，可是中國資產階級中主要的買辦階級，完全爲外國資本家所養成，不能有革命性；另一方面，他們又見到中國之階級革命發展之危險，反願勾結帝國主義，以阻礙革命運動之發展，至於城市的資產階級，雖然是革命的，它的本身沒有集中的戰鬥力，所以中國的民族革命運動，非得工業的無產階級參加，並取得領導地位，提携着廣大的農民羣衆進行，是不成功的。

（四）在過去許多次鬥爭中，如一九二二年的海員罷工及開灤礦工罷工，一九二三年的京漢路罷工，本年上海日商紗廠罷工，無次不明顯的表示出帝國主義是中國工人主要的仇敵，軍閥必是帝國主義的爪牙。所以中國工人為自身的解放，必要担任民族革命的急先鋒，為促進世界無產階級的革命，亦應努力於這個工作。

（五）民族革命既是各階級共同參加的，所以無產階級在此革命運動中，一方面固然協力以反抗我們更大的仇敵帝國主義及軍閥，一方面更要森嚴在我們各種組織上的階級性，不可和其他階級混合，將有被資產階級犧牲我們的利益，甚至有賣給敵人的危險。

（六）民族革命一切方面的進行，一定要不妨礙工人階級的發展，而且應該把工人階級的利益，放在第一位。工人階級參加民族革命必保持階級的本色，指示革命的出路，引導革命到底。

C　工人階級目前的爭自由運動

我們的目標，是要推翻帝國主義，打倒軍閥，實現民族解放，促進世界革命還是要經過長期的鬥爭才能夠得到的。

（一）在這長期鬥爭中，目前最迫切的要求，如加資減時運動，集會、結社、言論、出版自由運動、罷工自由運動、普選運動等，雖不是我們最終的目標，但這些都是我們日常生活所必需的要求，這些要求的實現，不但可以改善我們目前生活，並且在這些運動中，可以擴大我們的組織，增加我們的鬥爭經驗，樹立我們政治勢力，這些乃是我們到最終目標所必由之路的一步。

（二）同時我們不可把這些目前迫切的要求，當作最終目標，這些要求只是達到我們最終目標民族革命世界革命所必由之路的第一步。我們更要明白，如果帝國主義軍閥不打倒，工人階級不完全解放，這些目前的要求也就不能達到。

## 經濟鬥爭決議案

工人階級的鬥爭，不論經濟的或政治的是有一個目的——最終目的就是勞動的完全解放。勞動的完全解放，只能在資本主義制度推翻、政權完全操入勞動者手中之後，但即使在資本主義組織之下，我們不否認爲改良勞動待遇條件，增高工人生活程度以及部分的要求，至實行最激烈的堅强的鬥爭。第一，因爲現在的勞動條件，已經壞到極點，千百萬的工人，還未到他精力衰疲之年，而已衰弱不堪，失了他們的力量，失了他們的健康，同他們的生命；第二，因爲每一部分勞動條件的改良，都可以增加工人階級的力量，促進工人爲最後目的的鬥爭，並且促進資本主義的崩潰，及勞動解放之早日實現。

A　我們不否認經濟鬥爭，不否認目前迫切要求之改良運動，但是我們對於這種運動的觀念是：

（一）每一個目前切近的改良運動，只是走向總解決的一部分，不把它看作最終目標去做，比如資產階級打不倒，目前所要求增加工資，雖保將來又尅扣，總之，工人階級的根本解放，只有在取得政權後。

（二）每個經濟鬥爭，同時也是政治鬥爭，如工人的罷工，本是經濟的鬥爭，但是資本家一利用軍警來干涉，便轉成政治的鬥爭了。

B　在中國現時經濟鬥爭中，工人階級切近的要求是：

（一）按照各地各時生活情形，規定最低限度的工資：本來資本家發給工人工資的標準，是按照工人生活必需品價値而定，它應該要够工人恢復勞動能力，維持子嗣（即預備工人老後，再有小奴隸替資本家工作之用），照這樣發給工資，工人已經遭受了很大的剝削，因爲工人每日所生產的，並不只値他所領得這點報酬，很多勞動是沒有受報酬，這就是資本家所謂的企業利潤，上了他們的荷包了。但是現在帝國主義的資本家及中國的資本家，他們還不肯按這個生活必需標準發給工人工資，還要從這裏面再加尅扣。這樣一來，中國工人的生活，眞是苦到萬分了。我們試拿上海和日本的紡織工人的工資一相比較，兩地的生活程度相差甚微，而工資竟爲一與三之比，即中國工人每日所得，不過日本工人所得的三分之一。年來生活費日見提高，而工資之所增極少，工人待遇，苦不堪言。因此，要求按照各地各時生活情形規定最低限度的工資一事，應成爲我們目前應進行主要工作之一。

（二）八小時工作的規定：每個工人最大限度的工作能力，一日不能超過八小時以上；數十年來爲要求此制度之實現，不知經了幾千百次的運動，流了幾千百萬工人的血，但是中國工人還是做十二點以至十八點的工，難道中國工人就不是一樣的血肉構成的人麼？我們現在要與各國的工人共同爭這八小時工作制的規定；同時我們又要注意必須在工作時間縮短之下，不影響於工資的低落，而反應該增加或照舊，不然資本家一面減少工作時間，一面却減少工資，迫使工人不得不因維持生存而願繼續加工，這樣名至而實不至的手段，我們是堅決反對的。

（三）反對一切虐待：在歐美各國的工人，資本家尚表面尊重他人格的獨立，僱傭的自由；而在中國則資本家視工人直與牛馬無異，動輒任意拳打脚踢，私刑拷打，殺死無罪。最近日商紗廠罷工，發出反對日本人打人的口號，我們試想這是一種什麼號聲；又加工作中屎便之限制，下工時遍體之搜索等，以及許多不可勝數的事實，無異對付盜賊囚犯，我們應當堅決反對。

（四）女工童工之生活改善：在中國的資本家特別喜歡女工童工，他們是看到了這兩種人較爲柔軟，容易欺負容易加他們以慘無人道的壓迫，因而女工童工的生活遂愈苦不堪問了。女工的工資，是不能與男子相等的，她們的身體是可以任意侮辱；至於童工呢？許多十六歲未滿的小孩，終日站着做十二小時以上的苦工，這還是人的生活麼？最近上海工部局提議改良童工生活，但所有條文完全是騙局，我們應該反對這種欺騙，我們應要求：（甲）禁止婦女與不滿十三歲者作有損健康之特別困難與危險以及地穴下面的工作。（乙）絕對不許懷孕與哺乳的婦女作夜工及特別強度的工作。（丙）婦女在產前後有數星期的休息與照領工資。（丁）懷孕及哺乳之婦女，於普通規定的休息時間以外，並須補足其哺乳小孩的時間。其哺乳相隔的時間，每次不能超過三小時半以上。且每次哺乳不得少於半小時。（戊）絕對禁止使用十三歲以下的童工女工。（已）絕對禁止使用童工作夜工。（庚）每日工作六小時，每週須有繼續四十二小時之休息。（辛）不得剋扣工資，女工童工與成年工人做同樣工作時，領同樣的工資。（壬）爲童工設立免費的平民學校。

（五）勞動保險與社會保險：中國國內各種工廠的一切設備，是很少能顧及工人身體健康的，因而危險之事常常發生。如去年上海祥經絲廠的大火，工人被燒死者數百人，同時因工廠之不潔，而得肺癆疫症以至死的，更不可計其數；又在工人工作受傷死亡或失業後，亦無相當的保證。因此我們當努力要求。（甲）一切企業機關應設法消除或減少於工人身體有害的工作及生產方法；並當預防不幸的事情的發生；極力注意工場衛生與防疫事宜。（乙）對於從事有危險健康的工作之工人，工廠須供給他以種種抵抗危險的服裝用器消毒材料等。（丙）應實行社會保險制度，使工人於工作死亡時能得到賠償；於疾病失業老年時能得到救濟。

（六）取消包工制；有許多工廠：資本家非常狡猾，他在他與工人間設立一道防線，這個防線就是包工制。他利用他最忠實的走狗爲工頭，把工作包與工頭，工人須向工頭要求工作，這樣一來，在資本家與工人間，更多一層工頭的剝削，愈使工人的生活痛苦，而且在鬥爭時，資產階級更可利用工頭以破壞工人的組織。所以我們非打破這種制度不可。

C 爲監督實行保護勞動的一切事件，預防機器的不愼；在危險的生產中，要預備保險的服裝及防毒的用品，工人有病或者在工作時受傷，須得賠償其損失，關於工廠的監督員，必須參加工人的代表，又保護童工女工的利益，亦必須有童工和女工的代表參加。

D 全國總工會在這次大會後應具體的指導他所屬各業工人，盡量利用一切可能的機會去爭取這些權利，去從事爲獲得這些權利的鬥爭，在這階級鬥爭中去教育工人組織工人。

在這鬥爭過程中我們想得到勝利，必須注意下面的幾點。

（一）當有統一的集中的便於戰爭的組織。

（二）一地方的罷工，同時須得各地方的援助，切忌分立的行動。

（三）一個地方或一個企業，發生罷工後，其他地方及其他企業，應做通電聲援或集資援助，若形勢嚴重時，總工會應討論資本家經濟封鎖及宣布同情罷工問題。

（四）不可無組織的暴動，應善利用時機，善利用資產階級的矛盾。集中力量，向其最弱點進攻。

（五）全國總工會應附設工人救濟會之組織：在罷工時籌備罷工之基金；罷工後應作失業工人之救濟。

（六）應發展協作社的工作，一方面爲減低工人之生活費，一方面也是團結工人及工人家族的一個武器。

# 組織問題決議案

A 工會是工人階級最廣泛的羣衆組織，它必須設法使所有的工人加入。

B 職工運動的組織形式，須特別靈便，不僅要適合本國工業發達的程度，並且要適合本國政治的環境，文化的程度以及歷史的特點（有時連工人階級的習慣和特點都要注意）。

C 中國土地廣闊，各處經濟發達不一樣，各省政治的環境不一樣，因此很難有統一的工會組織的形式，至少須有幾種不同的形式。

D 中國很久以前就有許多行會。這些行會是根據手工業的，已經是舊式而不能與現代資本主義鬥爭，因爲他們將有組織的工人勢力分裂了。最好的組織是產業工會。產業工會的主要原則，是在每個工廠或作坊內，所有的工人，不論他們的職業怎樣，都要按照該工廠或作坊是那種產業性質，就組織那一種產業工會，比方一個紗廠，不論是粗紗間、細紗間、打包間、電燈間……的工人，都是紗廠工會的會員。又比方一條鐵路，不論是機務處、工務處、車務處、養路處的工人，都是鐵路工會的會員。這種制度的益處，就是每個產業機關是整個的奮鬥單位，當工人與資本家衝突或罷工時，只有一個工會包括該產業機關所有一切工人，他們就可以爲自己的利益很快的得到決議，並且就可馬上很堅決的起來鬥爭。所以這種組織對於工人是有極大的幫助。再有一種是職業工會，這種制度，是按照工人的職業加入工會。譬如機器匠是一種工業，輪船上的機器匠，鐵路上的機器匠，紗廠裏的機器匠，自來水廠的機器匠——都組織在一個工會裏做會員。這就是一個大工廠內的電燈工人就加入電氣工會，機器工人就加入機器工會，木匠就加入木匠工會，一個大工廠內有各工會的會員。很明顯的，這種組織對於階級鬥爭是不及產業組織，因爲當對資本家衝突或罷工時，各工會的代表與會員有各自的利益與觀點了，所以要彼此同意，很難有一致行動之可能，即是可能也必須消費時間，對於工人的鬥爭力與精神是極有障礙的。還有最壞不過的，就是不特不是依產業組織，並且也不是依職業組織，而是以狹小的專門爲範圍（如銅匠、鐵匠、司機、翻砂等），這就是等於不善的舊式行會制度了。因此，很明顯的，鐵路、海員、鑛山、紡織及其他新式產業中，是絕對採取產業組織，若小鐵廠、理髮店、裁縫店、泥水作坊等小工廠及手工業，亦可採用職業組織。至於行會組織務要設法改進到新式工會的形式。但我們亦須記着工會是廣大羣衆的組織，亦須斟酌該處之實在情形，決定組織的形式，不可死板。

E　政治的環境應當特別注意，在中國目前還只是廣東一省比較自由，工會可以公開的活動，其他各省因政治情形各有不同，工會或者半公開存在，或者簡直秘密的存在。至於公開的工會活動很少可能或受限制，或被干禁。因此，要利用許多公開的名義，如辦夜學校，協作社等，去做工人運動的工作，這種公開的工作，只要辦得到，我們就要利用這些工作，爲工會的秘密發展。

F　工廠支部應當爲工會的基本，在小的企業內，特別是在不能公開工作的地方，首先工作只能委派工會的全權代表，由這工會的全權代表，按照工會上級機關的指令，在該企業內工作。在大的企業內，必須按照工作部份，組織工廠支部，倘若工廠支部增加到幾十或者幾百的時候，工廠支部內或大企業內，得按加入工會會員十人，五十人，或者一百人選出代表，酌量情形組織辦事機關，這部分代表即工會中堅分子，與選舉他祖負工作的羣衆發生很密切的關係，並經過他通知他們工會的一切情形。有可能時還須要召集大會報告工作經過，時常在工作的時候，工人的家庭裏，與工人見面時，宣傳工會利益，煽動工人加入工會。

在工會的中堅分子的大會上（倘若不能開大會時，則在代表會議上）選舉職員，組織某一地方的機關，這地方的機關，又須經上級機關批准，至一年須召集該工會大會一次，在大會上選舉該總工會的執行委員會，爲統一當地工會組織及互相密切起見，凡城市或省區應只組織一個工會聯合總機關。如一城市或一省區有數個此項性質總機關者，應開聯席會議，公決歸併爲一。

工會是爲工人一切的利益而奮鬥的組織，工會當爲改良勞動待遇，增加工資，減少工作時間，保護女工童工，爭得星期日過節日不扣工資的休息，規定勞動法等而奮鬥，工會必須儲蓄基金，和罷工的基金，補助醫藥費的基金等以備不虞。工會爲關心自己會員的階級教育，當開辦學校設短期講演所。

H　爲要實行上面所說的，因此工會每月要徵收其會員會費。每月至少爲一小時平均工資，工會不宜收太高的入會費。

I　無論工會組織形式，有各種的不同，但工會組織的性質是階級的，工會工作的內容是階級的，工會的教育，同樣也是階級的，少了這些條件，中國工人組織工會就失了他本來的意義。所以工會會員，不宜包含屋主高等會員及包工頭等與工人利益相反的分子。職工運動的組織形式不可死板。但工會不可調和，不可安協，工會的組織必須有堅決的階級行動。

J 工會的建設須有經常的計劃，能利用一切勞資的衝突，和一切罷工以及一切關於工人階級有意義的事變作普遍的宣傳。

K 目前因組織的力量缺乏，不能注意到所有的工作，須特別注意組織鐵路、海員、內河及碼頭運輸工人、礦山、紡織、繅絲、烟草、印刷，以及天津、北京、上海、武漢、青島、大連、長沙、廣州、香港、廈門等處各要城市的工會工作。

L 為加多職工運動的領導分子起見，大會完後，必須在大的城市裏而和產業的中心地開短期的補習學校（以三月為限），培養職工運動的人才，須多造就一些領導的分子，職工運動才有穩固向前發展基礎。

## 工農聯合的決議案

A 無論在那一國，農民總是佔大多數，至少農民也是經濟上一個重要勢力。他們所受的壓迫，不減於工人階級，或者還要過之，因此他們在現存制度之下，也是一部分革命的勢力。

B 工人階級要想推翻現存制度，必須結合反對現存制度的一切革命勢力，因此他應該努力找尋他的同盟者。這種同盟者的第一個就是農民。無產階級倘若不聯合農民，革命便難成功。

C 我們知道政治的中心總是在城市，因此鬥爭的中心也是着重在城市。所以工人階級應當努力去領導農民來參加這個鬥爭。

D 過去許多國家內勞資兩階級的鬥爭，如一八七一年巴黎公社的失敗，一九〇五年俄國革命的失敗，一九二三年德國革命和保加利亞革命的失敗，其失敗原因，都是因爲沒有得着農民幫助，或農民的勢力落在資產階級手中。俄國革命所以成功，就是因爲得着農民的援助。

E 中國農民佔全國人口百分之七十五。他們所受的壓迫和剝削，較工人尤甚，中國工人階級要想得到解放，更非聯合農民共同奮鬥不可。

F 農民要得到自身的解放，也只有與工人聯絡，才有可能。

G 工農聯合在目前應該實現下列幾點：

（一）在其同鄉村時，或在其工作附近地之農村，均應向農民宣傳並幫助他們組織農民協會。

（二）工會農會之間，得互派代表；工會應當設法提攜農會進行，並助其發展經濟的組織，如合作社等。

（三）農民如發生經濟上或政治上的鬥爭，工會應領導工人爲實力的援助。

## 剷除工賊的決議案

這個決議案的原文已經遺失，大意是說明，爲什麼發現工賊？工賊對於工人階級前途發展的障礙，和剷除工賊的辦法。並列舉罪惡最著的工賊姓名如下：

王光輝、徐錫麟、郭寄生、董理璋（上海）；
竇步程、李彤（湖南）；
楊德甫、張德惠（京漢鐵路）；
郭聘伯、張玉森、劉伯勛、余友文（湖北）；
馮自由、×××、黃煥廷（廣東），
張恩榮、苗鳳鳴（粵漢鐵路）；
×××（天津）；
何東（香港）。

## 組織中華全國總工會

組織中華全國總工會，無疑的是這次大會積極的結果。大會通過中華全國總工會章程，並選舉二十五個執行委員。執行委員姓名如下：

林偉民、蘇兆徵、譚××（未詳）（海員）
鄧培、王荷波、劉文松（脫黨）（鐵路）
李立三、劉少奇、朱××（漢冶萍）
鄧中夏、劉華、張佐臣、李森（即李啓漢）（上海）
項英、許白昊、×××（武漢）

郭亮、譚影竹（叛黨）、×××（湖南）

劉爾崧、×××、×××（廣東）

何耀全（消極）、鄧××、鄭××（香港）

大會以後，執行委員會開會，推舉林偉民爲正委員長，劉少奇、劉文松爲副委員長，鄧中夏爲秘書長兼宣傳部長。李森爲組織部長，孫雲鵬爲經濟部長。總會設於廣州，再於上海設辦事處。

附中華全國總工會章程

第一章

1 本會定名爲中華全國總工會。

2 本會以團結全國工人，圖謀工人福利爲宗旨。

3 本會總機關暫設廣州，並得擇定其他相當地址，特設辦事處。

4 凡在中華國境內之眞正工人組合，均得爲本會會員，凡產業工人已有全國一總組合之組織者，或一市一縣，一省之城市工人已有組合組織者，由該總組合加入本會爲會員。各單獨組合直接加入本會者，則須經本會之審查認可。

5 本會之職任如左：

（一）發展全國工人之組織；

（二）統一全國工會運動，務期密切之團結；

（三）整理各工會之組織系統；

（四）指揮各工會之行動；

（五）仲裁各工會之爭端，
（六）發佈全國工人共同奮鬥之目標；
（七）代表全國工人與國際工人謀密切之結合；
（八）提高工人知識，聯絡互相之感情；
（九）促進各工會彼此間有效之互助；
（十）保障工人利益設法解決救濟及職業介紹等事項。

## 第二章 組織

6 本會之最高機關爲全國代表大會，每年舉行一次；並得舉行臨時大會，均由本會執行委員會召集之。各工人團體派赴代表大會之代表額數，由本會執行委員會按比例決定之。

7 由全國代表大會選舉執行委員二十五人，組織執行委員會。代表大會閉會時，執行委員會爲本會最高機關。

8 執行委員互選正執行委員長一人，副執行委員長二人。委員長不能執行職務時，執行委員會重新互選之。

9 執行委員會之下，須組織一幹事局，受執行委員會之指揮監督，駐會辦理一切事務（幹事局幹事人選由執行委員會決定之）。

10 幹事局分設下列各部辦事：

（一）組織部——掌管本會所屬各工會之組織事項，並幫助各處無工會組織之工人羣衆，組織工會。

（二）秘書部——掌管本會一切文件收發、統計，報告等事項。

（三）宣傳部——掌管宣傳本會教育工作，並指導工會之教育方針。

（四）經濟部——掌管司庫，司賬，庶務等經濟事項，各部須設主任一人，幹事若干人，由執行委員會斟酌事之繁簡選任之。

11 幹事局設總幹事一人，由執行委員中之一人兼任為幹事局會議之主席。

12 本會為會務發展及便利起見，得於相當地點特設辦事處。各處主任一人由執行委員會斟酌情形決定之。

13 執行委員會認為必要時，得設立各種特別委員會或機關，並得聘任顧問，編輯等人員。

14 本會執行委員會幹事局及其他機關人員，均每年改選一次。

15 執行委員會，幹事局，特設辦事處，特別委員會，及特設機關之會議及組織細則，由執行委員會另定之。

## 第三章 公約

16 各工會須實行本會代表大會及執行委員會之決議及命令。

17 如一處或一種工人發生為工人階級鬥爭時，各工會接到本會之通告後，應一致為聲勢上，經濟上，與實力上之援助。

18 在同一產業及職業，或同一地域內，如有兩個或兩個以上同等性質之工會發現時，應依本會之勸告，互相讓步，併成一個工會。

19 各工會間，如有爭端，須直向本會控訴，聽候仲裁，不得互相攻擊。

20 各工會對本會有不滿意時，得直向本會抗議，或向代表大會控告，不得有破壞本會之行動或言論。

第四章 經費

21 各工會應按月向本會交納經費，其數目由各工會按比例法認定之。

22 遇必要時，經本會執行委員會之決議，得向各工會徵收特別捐。

23 本會經費發生困難時，得向外界熱心幫助本會者捐募。

第五章 附則

24 本章程經全國代表大會通過後即發生效力。

25 本章程如有不適當處，應由全國代表大會通過修正之。

## 加入赤色職工國際

加入赤色職工國際決議案原文已遺失。大意是說明現在是帝國主義時代，帝國主義是整個世界的經濟系統。因此無產階級要根本推翻現在的社會經濟制度，非有全世界無產階級及一切勞苦羣衆的大團結不可。赤色職工國際是世界無產階級的總組織。中國工會竭誠加入以與全世界無產階級共同攜手，共同奮鬥，完成世界革命。同時決議案中又很鮮明的反對亞姆斯坦黃色職工國際破壞全世界職工運動之統一。從此中國工人階級正式加入世界革命的行伍中了，無疑的是有偉大的歷史意義。

# 大會宣言

「全國工友們！我們現在水深火熱之中，痛苦萬狀，不是生活程度日高，工資不够維持，便是工作時候太長，疲勞過度；不是工廠私定苛章，虐待工人，便是監工包工頭等，毆辱剝削工人；不是橫遭搶掠，欠薪失業，便是受拉夫封船苛捐重稅痛苦，種種事實，數不勝數。我們受了這許多痛苦，自然不能低頭忍受，而且不得不奮起圖存。但是敵人却槍殺我們的戰士，拘捕我們的代表，封閉我們的工會，摧殘我們的罷工，開除我們的兄弟，監視我們的行動。爲什麼我們的命，這麼苦？非明白知道不可。

我們受苦的原因，就是外國帝國主義者侵略中國。外國帝國主義者爲什麼侵略中國？無非是想發財。發財就有三個方法：（一）盜取中國的財富，如佔據礦山鐵路收買原料等。（二）剝削勞苦人民，即是以低廉工資役使中國人。（三）輸入洋貨。……這三種發財的方法都大不利於中國人民，尤其不利於中國工人。他們的勾當，旣不利於中國人民，自然引起中國人民的反抗。而且各個帝國主義者都想發財，彼此之間，不免互相衝突，如是他們强迫中國締結不平等條約，遣派軍艦軍隊來華，並獲得租界和領事裁判權種種的特權。所以他們能够在華設工廠，奴隸中國工人，中國工人如有反抗，他們又能利用此特權以壓迫之。輸入大宗洋貨，使小商人及手工業者以及農民失業。如是一部分又變爲他們的工銀奴隸，大部分失業者便變爲兵或匪。他們想在中國領土內和勞苦人民身上發財，自然是各國帝國主義者都想發財，而且各人都想大發其財，如是首先互相瓜分中國，再進而共同宰制中國，更進於分途侵略中國。他們各自都培植一派軍閥，藉圖擴充他們自己的勢力範圍，實現其大發財主義。就是他們培植軍閥，便是蹂躪中國人民的仇敵，軍閥受帝國主義的指示——特別摧殘工人與人民的勢力。

帝國主義者不但用種種侵略的方法，以圖發財，還用種種方法愚弄中國人民，用意在製造一般洋奴，爲其發財之走卒，如開設教堂、學校、報館等方法。最近帝國主義者受其利用之軍閥官僚，又收買一般工人敗類和反革命分子。假借工人名義，破壞工人團體。這般工賊和反革命分子，是與工人勢不兩立的仇敵，都是保障帝國主義者發財的走狗。

全國工友們！我們要睜開眼睛，看清我們受苦的原因。現在給我們種種痛苦的敵人，是國際帝國主義和其一切走狗。那麼只有打倒他們，才能解放我們的痛苦。有了這班帝國主義者和他們走狗的利益，還是關係工人階級的生死存亡，全國工友們非一致團結，與這班仇敵作最後的死戰不可。

全國工友們！第二次全國勞動大會，於五月一日在廣州召集會議，參加者全國一百六十五個工人團體，到會代表二百七十七人，共代表全國五十四萬有組織的工人，一致認定全國工人，必須用自己的組織力量，解除自身的痛苦，獲得自身的利益，並要力爭全國人民所需要的集會、結社、言論出版的自由，全國工人所需要的是組織工會和同盟罷工的自由；而壓迫剝削工人階級和摧殘工人自由的仇敵，又非首先打倒不可。

大會並代表全國工人，與廣東有組織的二十一萬農民，和數千革命軍人聯合，而且正式加入國際革命的無產階級之隊伍。因爲中國勞苦羣衆的解放，第一要由進步的無產階級領導廣大的農民羣衆，第二要與世界的無產階級聯盟，共同奮鬥，才能獲得最後的勝利。

全國工友們！大會爲滿足全國工人的要求起見，爲統一戰鬥力起見，已正式組織中華全國總工會，從此中華全國總工會便是指揮全國工人階級奮鬥的總機關。

全國工友們！全國工人覺悟起來了，都紛紛起來組織團體了，都知道爲自身利益而鬥爭了，現在中華全國總工會又組織起來了，從此全國工人須在中華全國總工會旗幟之下一致團結，提携着貧農聯絡着全世界無產階級共同奮鬥。」

## 這次大會的歷史價值

第二次勞動的大會的確開了中國職工運動史上最光榮的新紀錄，我們在上面的決議案及其偉大的成就（成立中華全國總工會，加入赤色職工國際）便可看出。我們還要指出數點，以證明這次大會的歷史價值。

（一）大會對於參加民族革命運動有很好的認識。如在政治鬥爭決議案說：「中國的民族革命運動，非得工業的無產階級參加並取得領導地位，提携着廣大的農民羣衆進行，是不會成功的。」並說：「工人階級參加民族革命必須保持階級的本色，指示革命的出路，引導革命到底。」在經濟鬥爭決議案中又說：「勞動的完全解放，只有在資本主義制度推翻，政權完全操入勞動者手中之後。」

（二）大會對於無產階級的同盟者，有很好的認識。如在工農聯合決議案上說：「工人階級要想推翻現存制度，必須結合反對現存制度的一切革命勢力；因此他應該努力找尋他的同盟者。這個同盟者的第一個，就是農民，無產階級倘若不聯合農民，革命便難成功。」「農民要得到自身的解放，也只有與工人階級聯絡才有可能。」在宣言中說：「中國勞苦羣衆的解放，第一，要由進步的無產階級領導廣大的農民羣衆。第二，要與世界的無產階級聯盟共同奮鬥，才能獲得最後的勝利。」

（三）大會對於工人組織有很好的認識。如政治鬥爭決議案中說：「要森嚴我們各種組織上的階級性不可和其他階級混合，這種混合，將有被資產階級犧牲我們的利益，甚至有賣給敵人的危險。」組織問題決議案中也說：「工會組織的性質是階級的，工會的教育，同樣也是階級的。」

這些認識雖然還不能說已很深刻，但至少可說已有了布爾塞維克思想的萌芽，這次大會之所以有偉大的歷史價值就在於此。可是可惜得很，這些認識到後來幾次大會却一次一次的忘記了。而且一次一次的代以機會主義的觀點，使這次大會的思想不能發揚光大，以進於完全布爾塞維克化，這眞是最痛心的一件事。

這次大會開得非常合時，剛剛開在中國大革命高潮之前夜。看呵！大會閉幕後不到二十天，驚天動地的五卅運動便迎面而來了。

# 第十二章　五卅運動

## 中國大革命高潮之到來

五卅運動是一九二五到一九二七年中國大革命的起端。從五卅運動起，中國工人階級從痛苦和流血的經驗中，不僅悟到經濟和政治的關係，而且悟到中國經濟和國際政治——喋血的帝國主義政治的關係。中國工人階級從此不止回旋於日常生活的經濟要求，或普通自由的政治要求，而已走上了革命的大道；並且事實上，他在這個大潮流中做了革命的中軸和重心。

帝國主義的軍隊所給予中國工人的教訓，正像一九〇五年被鮮血所噴濺的尼古拉羅曼諾夫皇朝反動軍隊所給予俄國工人的教訓一樣，所以中國工人再不願意安分了，造反了，而「人民的喊聲」，「打倒帝國主義」，也愈喊愈響了。

帝國主義屠殺中國人民本不自今日始，早在一八四二年的鴉片戰爭，一八五六年的英法聯軍戰爭，一八九四年的中日戰爭，一九〇〇年的八國聯軍戰爭，已經不知屠殺了中國若干萬人。中國人民在無數血泊中被帝國主義降伏了。但是中國被壓迫民衆始終與帝國主義成對抗形勢；這種對抗隨着帝國主義侵略的愈進展而愈加緊。一直到世界大戰之後，中國民衆自最受壓迫的勞動階級，以至幼稚的工業資產階級，都或多或少的形成了反帝國主義的心理和思想。最近一二年來，國民運動猛進，反帝國主義的喊聲幾乎普遍全國各地，而這種反叛的表示，與日俱進的要達到被壓迫者與壓迫者短兵相接的陣勢，這已非帝國主義的慣技如「親善」，「和平」，「正義」，「文明」等欺騙口號所能麻醉所能鎮壓了。特別是新興的無產階級，更成了帝國主義當前最厲害的大敵。這些都是帝國主義所駭然的事，於是帝國主義不能不斷然的採用屠殺政策了。

## 五卅屠殺的直接導火線

帝國主義與中國被壓迫民衆之流血接戰已有一觸即發之勢。爆發此次屠殺直接的導火線，自然也是因帝國主義凶暴壓迫而起。一九二五年開始以來，首先是日本帝國主義因親日賣國派段祺瑞政府上台，越發在中國橫行無忌。二月間上海日本紗廠工人已先中國各被壓迫階級發難反抗，舉行四萬餘人的大罷工，接着青島日本紗廠工人也罷工反抗（見上第十章）。對中國工人這種反抗，日本帝國主義已斷然採取屠殺政策。五月十五日上海日本紗廠開槍殺死工人顧正紅，並殺傷十餘人。二十八日，青島海軍陸戰隊得日本政府命令槍殺八人，並殺傷拘捕無數。因此引起中國被壓迫各階級的民族義憤。這便是五卅慘案的直接導火線。

首先代表此種民族義憤而起來援助工人就是學生。五月二十一日，上海文治大學學生爲救濟死傷工人募捐，被租界巡捕捕去數人。二十二日上海大學學生赴顧正紅追悼會，途中又捕去數人，於是激動上海各學校學生的憤怒。這便是五月三十日各校學生出發講演之直接的動機。

同時。帝國主義還有一種壓迫，兼能危害中國的商人階級，即所謂上海「納稅外人會」要於六月二日通過工部局提出的「增訂印刷附律」，「增加碼頭捐」，「交易所註冊」，「取締童工法案」等四案。反對此四案，亦是各校學生出發演講之題目及宣傳的口號，因此引起一般市民羣衆熱烈的同情。

在這樣全上海市反抗帝國主義的緊張空氣之下，爲消弭這種空氣，爲鎭壓這班「不安分」分子的反抗，列强帝國主義斷然採取屠殺政策，決不是一件偶然的意外的事。

## 血肉橫飛的五卅屠殺

五月三十日，上午各校學生二千餘人分頭到公共租界各繁盛馬路散發「打倒帝國主義」傳單，講演顧正紅被殺及學生被捕的事，並反對工部局的四提案。人數以日本領事署、會審公堂、南京路口等處爲多。上午南洋大學學生出發講演，當即被捕百餘人，至下午二時即釋放。各處講演隊聞南洋大學學生被捕信，乃逐漸集中在南京路一帶講演，特別以反對工部局四提案及越界築路爲宣傳的主體，並提「上海人的上海」口號。到下午，講演的學生愈集愈多，聽衆亦愈聚愈多，巡捕又開始捕人。在南京路老閘巡捕房一處已拘留學生一百多在內。於是愈促起學生及聽衆的激昂，而聚於捕房門首，要求釋放被捕者。至三時許，聚集捕房門首之羣衆將近萬人。三時四十五分鐘，突有一西捕向空開一槍，接着印捕即平放一排槍，華捕向空放一排槍，登時血肉橫飛，慘不忍睹。羣衆大亂四散，這一日計死者十三人，傷重者數十人，被捕者五十三人。上海大學學生何秉彝，同濟大學學生尹志伊二同志死於非命，是謂「五卅屠殺」。

## 霹靂一擊的罷工罷市罷課

南京路屠殺發生以後，上海全埠震動了。當晚各社會團體紛紛開緊急會議，討論對此慘案的態度。中國共產黨決定將這次運動擴大到各階級去，結成各階級聯合戰線，商人罷市，學生罷課，工人罷工，一致向帝國主義進攻。當由黨組織行動員會，並派遣同志到各社會團體活動鼓吹。第二日（三十一日），女工和學生千餘人到南京路散發罷市傳單，此時南京路已入嚴重狀態，此時雖大雨滂沱，但女工學生仍然奔走呼號，毫無所懼。又復被捕多人。本擬由南京路先行罷市，造成嚴重空氣，逼迫總商會贊成罷市，但至下午四時，南京路罷市仍未成功。適聞總商會與各馬路商界總聯合在天后宮開會，討論是否罷市問題。羣衆遂趕赴天后宮。總商會爲大資產階級的組織，其分子爲大商業資本家，銀行資本家，工業資本家與買辦等，加入資格以財產爲標準。各馬路商界聯合總會爲中小商人組織，每一馬路或數馬路的中小商店組織各馬路的商界聯合會，再聯合成爲總會；其中亦有大資本家在內，但爲數較少。屠殺事起，被害者當中亦有小商人和店夥，於是各馬路的商界聯合會紛紛投函聯合總會，激烈地表示願意犧牲，願意罷市爲學生後盾，於是各馬路商界聯合會通過六月一日罷市。在天后宮開會時，各馬路商界聯合總會主張罷市，總商會反對罷市。中小商人說：「學生爲反對工部局四提案而被殺，難道是過激？如這也是過激，那末只有亡國便不是過激了。」正相持不決之際，工人學生羣衆適到，當在天后宮開市民大會，議決總罷市，總罷課，總罷工命令，要求總商會簽字，各馬路商界聯合會站在工人和學生一邊，共同脅迫總商會非罷市不可。總商會副會長避不敢出（正會長虞洽卿已赴京〕，羣衆促之再三，始出來說：「個人不敢贊成罷市，須候總商會開董事會決定」，羣衆異常激昂，再四脅迫，在此嚴重空氣下，總商會副會長方簽字總罷市命令。於是六月一日，霹靂一聲，總罷市罷課罷工便實現了。

## 上海總工會乘時崛起

自二月日本紗廠罷工以後，上海工會雖茁然而生，然而仍不過二十來個雛形組織，人數總共不到兩萬，其主觀力量之薄弱，概可想見。屠殺事起，共產黨知非有一總工會不足以指揮偌大的羣衆，遂根據第二次全國勞動大會的決議，決定乘時組織上海總工會。屠殺之第二日（五月三十一日）晚，各工會開聯席大會，通過成立上海總工會。於是光芒萬丈的明星——上海總工會，便於當晚出現了。成立後，第一道命令，便是宣佈六月一日上海總罷工。後在總罷工中立時組織各工廠工會，至六月五日加入上海總工會的已有一百七十餘個工會，二十餘萬罷工工人，皆集中在它的領導之下。而上海總工會的基礎，就建築在這二十餘萬罷工工人的上面。

## 帝國主義繼續屠殺

六月一日罷市罷課罷工起。自上午七時，南京路工人學生及其他市民極多，發傳單者，演講者，到處都是。至十時許，所謂萬國商團和西捕印捕各臨陣備戰，先以自來水注射羣衆，至十時十分遂開槍。這日死傷比前更多，狀況尤慘。二次屠殺後，南京路最繁盛街市，完全陷於戰爭狀態。機關槍、鐵甲砲車、馬隊佔據各要塞，一切車輛及行人，概不能通過。

二日，屠殺案到處不斷地發生，南京路比前更加戒嚴。上午小沙渡紗廠工人被日本人協同西捕槍殺四人，沉屍河底。楊樹浦碼頭工人亦被英人打殺三人，拘捕數人。帝國主義會審公堂復於是日開審三十日被捕的學生，公堂周圍，外兵把守，異常週密。下午六時，帝國主義又用機關槍步槍攻打新世界遊藝場，彈如連珠，歷時二十分鐘之久，死傷無數，被捕三百餘人。在新閘橋又有西捕印捕擒機關槍向中國保衛團示威，欲拘捕罷工之電車工人等事件。

三日，意美海軍陸戰隊登岸，把守電氣、自來水等重要工廠。其他各國軍艦亦陸續來到，這日上午楊樹浦又發生大屠殺。下午新世界被萬國商團佔領去了。海軍陸戰隊登岸後，楊樹浦完全變成恐怖世界，「文明」的帝國主義軍隊，遇見學生或工人裝束的便打傷或殺死。楊樹浦是日死四人，重傷六人，輕傷不計其數。是日並有美兵武裝侵入華界尋釁。

四日，屠殺仍然繼續下去。外艦來上海者日見增多，計至本日爲止，各國兵艦共有十三艘，其中屬於英國的二艘，屬於美國的三艘，屬於法國的三艘，屬於日本的三艘，屬於其他國家的還有二艘。陸戰隊全體登岸。楊樹浦西捕復有開放排槍轟擊罷工工人事情。美日陸戰隊有多人帶槍入華界搗亂。英國商團和印捕亦有多人侵入華界。英界工部局下令通緝瞿秋白同志等。四日下午陸戰隊包圍上海大學沒收一切文件，驅逐學生出校，騰出爲陸戰隊駐紮。此種暴行，後復施行於大夏同德南洋等幾個大學校。

五日晚，萬國商團突然下令檢查所有過路的中國人，無論男女老幼乘車或步行，在槍刺威嚇之下，盡被驅入老閘巡捕房嚴行搜索，一千餘人鵠立露天細雨之下數小時，結果西捕搜查無所得，方釋出。當時並有一汽車夫行路稍緩，被商團刺傷，奄奄一息。

八日搜查旅館，有河南來滬旅行之學生十五人在旅館被捕。此時外艦已增至二十六艘，其中屬於美國的十三艘，屬於日本的五艘，屬於英國的四艘，屬於法國的三艘，屬於意國的一艘。

十二日，西捕在北四川路華界拘捕學生，調來鐵甲砲車兩輛，英日水兵一二百名，幾與中國保衛團開戰。

總而言之，在此時期中，開槍日必數起，死傷時有所聞。上海成了帝國主義消閒尋歡的獵場。

## 反抗運動繼續飛漲

與帝國主義的繼續屠殺成正比例的，便是中國被壓迫民衆反抗運動的繼續飛漲。六月一日起，公共租界全體罷市，法租界亦於五日罷市一天。各商店外黏貼許多標語和旗幟，店夥運動行人不坐電車。只南京路大商店有數家還開市，直至流血重演之後，才完全關門。銀行公會和錢業公會，甚至不遵從總商會的決議，於全市停業聲中，依然開門營業，只寫一封信給工部局輕輕抗議而已，一直到工部局置此抗議信不理，及「字林西報」以滑稽口吻加以嘲笑之後，才於三日起罷市。

學生羣衆在此次運動中極其熱烈參加，上海各學校自六月一日起無不罷課，甚至最頑固最反動的聖約翰大學學生，此次也激起義憤，與美國校長衝突，脫離學校，投入此次風潮，其他的學校便可想而知了。

反抗最有力量而最堅決的當然要算工人。自三十一日上海總工會宣佈總罷工後，各工廠立即陸續罷工，特別是三十一那天，罷工潮尤其突然高漲，已有十餘萬人；至五日便增至二十餘萬，其中最主要的是紗廠、電氣、海員、碼頭工人。甚至於公共租界所用之華捕亦相率罷崗，在半數以上。上海人民八十一年在帝國主義高壓之下過生活，此時他們不能再忍受了，於是在腥風血雨中與帝國主義對壘鏖戰。

爲各界行動一致起見，於是上海總工會向總商會、各馬路商界聯合會、全國學生聯合總會、上海學生聯合會四大團體提議共同組織「工商學聯合委員會」，爲此次運動的總指揮機關。總商會拒絕參加，理由是：「此次英人屠殺，凡屬同胞，誰不髮指！但各走極端，勢必弄成僵局，本會今日之不加入，即爲將來調和之餘地。」大資產階級開首竟以調停人第三者自居，其無恥反動，已可概見。但其餘團體不管總商會加入與否，仍然熱烈的成立「工商學聯合委員會」，每大團體各代表五人共同組織之。不用說上海總工會是此會的靈魂。自有總指揮機關而後，於是被壓迫者與壓迫者的對抗形勢愈形完成。

七日，「工商學聯合委員會」提出條件，計先決條件四，正式條件十三（見後）。北京政府見風潮擴大，特派專員到滬調查，工商學聯合委員會特於十一日召集市民大會。邀請政府特派員及交涉員宣佈意見，那日到會者，各工廠工人，各馬路商人，各學校學生，近二十萬人。政府特派員及交涉員都規避不到，羣衆一致對外交官不滿，散會後，並在華界遊行示威，民氣激烈異常。

## 全國各地的狂飆運動

事變的進展是很迅速的，不滿一兩個星期，上海南京路的槍聲已震動全國各重要都會，直到最偏僻的城市與鄉村。全國各地，特別是工人，都已紛紛起來參加這一反帝國主義運動。北京、漢口、長沙、九江、南京、濟南、福州、青島、天津、開封、鄭州、重慶、鎮江、南昌、汕頭、杭州、廣州……等等都發生大大小小罷市罷課罷工，而「打倒帝國主義」，「取消不平等條約」，「撤退外國駐華的海陸軍」，「經濟絕交」，「為死難同胞報仇」的呼聲，到處都可以在示威遊行中聽見。河南、廣東的農民，也起來加入此運動。這些事實書不勝書，這裏只能簡單的說到幾個大的地方。

北京　三日，北京學生便舉行五萬餘人的示威運動，隊伍行至東交民巷（即各國使館所在地，自築城堡。儼然另成一國，界內行政，不用說中國政府不能過問）時，帝國主義軍警嚴陣以待，不許羣衆通過，以水龍射擊羣衆，以騎兵衝散羣衆，並鳴槍示威以恐嚇羣衆，羣衆只得退去。自那天起，界口密佈刺鐵綫網，加緊戒嚴，如臨大敵。十日，北京又舉行國民大會，參加者突過二十萬人。北京商會亦宣言與英日經濟絕交。後來八月間，英國公使館及兵營中的華人侍役，還宣佈罷工，表示反抗。

南京　南京學生自得上海屠殺消息後，首先罷課。五日，英國和記蛋廠工人宣佈罷工，堅持至七月十七日方有條件的復工，在罷工中還發生流血情事。和記蛋廠罷工是南京反帝國主義運動最壯烈的一舉，給予各地影響不少，五日那一天，商人亦罷市。

漢口　繼上海青島大屠殺而起的是漢口大屠殺。武漢學生亦於二日起即罷課，四出講演，勸導商人罷市。有數業工人首先罷工。但直系軍閥蕭耀南，極力壓迫，提前放暑假，遣散學生回家。工人方面，積極準備於六月十三日舉行大示威運動，十四日罷工。適十日下午英租界碼頭工人與太古職員，發生衝突，十一日晚，漢口英領事調集海軍陸戰隊武裝登岸，用機關槍向羣衆轟擊數百餘響，死者無數，租界熄滅電燈，將工人屍首沉於河底以滅迹，據知者已死十餘人，傷者不計其數。屠殺發生後，蕭耀南當即宣佈緊急戒嚴，於是工人總罷工之計劃不能實行。

廣州　六月一日，廣州工人得上海消息後，於二日舉行示威大會。其時廣州將有反劉楊戰事爆發，故工人準備於幫助革命政府削平反革命劉楊的戰事以後，立即罷工。十二日劉楊撲滅。十九日省港大罷工發生（詳見下一章）。二十三日工人農民兵士學生舉行大示威運動，行至沙基，遭沙面英法帝國主義軍隊開槍掃射，當場死者五十餘人，傷者無數，是謂「沙基慘案」。於是便促起廣州人民憤怒，厲行抵抗香港，省港大罷工延續到二年多之久。

湖南　六月二日，長沙工人學生便舉行二萬餘人的大示威運動，當場成立「雪恥會」。五日，又舉行十萬以上的大示威運動。軍閥趙恒惕宣佈戒嚴，派兵搜索羣衆領袖，並佈告「宣傳過激者斬，煽惑軍心者斬」，於是工人學生不能活動。水口山鉛礦於十七日停工示威，礦長下令軍警開槍轟擊，傷者十餘人，工人代表被捕者二十餘人，趙恒惕電令就地正法。

其他各地，鎮江、九江、重慶，皆有帝國主義開槍屠殺情事。至於反帝國主義運動，無處不熱烈進行，但天津為奉系軍閥李景林壓迫，山東為奉系軍閥張宗昌壓迫，張宗昌並於六月二十六到青島用鐵血摧殘日本紗廠工人，並殺害工人領袖李慰農同志與「公民報」記者胡信之。其他各地亦大致相倣。

五卅屠殺，主犯雖是英國帝國主義，然而其他帝國主義，其殘暴兇横並不減於英國，日本帝國主義屠殺紗廠工人，爲五卅慘案之導火綫，不待說了；若美國、意大利事實上派遣陸戰隊上岸與英國共同屠殺上海人民；法國則在廣州與英國共同屠殺廣州人民。但各帝國主義列强，在外交上當上海三罷實現之後，頗異其趣。除英國始終强硬外，日本欲卸責於英人而表示願單獨解決顧正紅案，它說：「日紗罷工與英捕殘殺，截然兩事」。它並且還欲藉此風潮使中國人民抵制英貨，使自己取得英貨市場的地位。美國仍不放棄其向來面子上的賣好市恩政策，它說：「美兵在公共租界殺人，也出於英人指揮，與美無干」。它在會審公堂上還說什麼「本領事歷任七載，中美感情極爲融洽」等鬼話。法國因自有租界，不願替人受罪，表面上表同情於中國人民，它還說「英人此舉乃强暴行爲」。法租界罷市一日亦不禁止，開市後法領事更向中國商界大唱「中法親善」。意大利在中國沒有多大經濟利益，自然隨口樂得說句「願爲調人」的風凉話。

帝國主義在上海連日的閙獵，愈演愈兇，民衆反抗，亦愈激愈厲，北京政府不得不向各國公使團提出抗議敷衍場面。帝國主義列强於是有「六國調査滬案委員會」的組織（英、美、日、法、意與中國）。同赴上海調査五卅案眞相。調査結果，毫無疑義是英捕屠殺，但英國委員一味無理的强硬，因此各國委員大受一場沒趣，掃興回京，結果亦秘而不宣。只法國委員搞了一個小蛋，單獨將滬案調査所得宣佈了。

當時各帝國主義在國際的關係是這樣的：法國在東歐，在小亞細亞，和英國的利益簡直不能並立，美國自英國保守黨執政，道威斯計劃受了打擊，亦與英有裂痕，日本自英日同盟取消後，與英國衝突日多。這些强盜，特別在中國問題上彼此利益的衝突尤甚。五卅事變起，英法日本帝國主義的確想乘機挾制英國一下，且因此買弄中國人心。所以五卅事變後一個月，英國都在孤立的狀態中。

但英國帝國主義者的外交手腕是有名的敏捷的，一是竭力宣傳中國此次運動爲「排外」，「赤化」，並以英日同盟恫嚇美國，務造成英、日、美三國聯合對華的局面，二是鼓吹武力對華，特別進佔廣東，以恫嚇中國；三是主張司法調查，延宕時間，以待中國國民疲憊，再圖有利的結果；四是勾結中國軍閥撲滅中國國民運動；五是以關稅會議誘惑中國軍閥及資產階級；六是以租界停給中國工廠電氣以挾持中國資產階級；七是利用工賊破壞罷工運動。

果然英國帝國主義這些政策，有大部份成功了。

特別是武力對華與關稅會議威迫利誘的把中國「上等人」弄糜了。停給電氣使中國資產階級不得不屈服，勾結奉系軍閥更是完全有效。

## 資產階級的妥協與反動

當時中國資產階級內部對於此次運動的態度是這樣：

（甲）商業資本家，內分國貨與洋貨兩派。國貨派起初對罷市非常贊成，洋貨派則始終反對。

（乙）銀行資本家，內亦分土著銀行與中外合辦銀行兩派。土著銀行此時與滙豐銀行衝突，排斥該行鈔票已久，故對罷市贊成；中外合辦銀行則反對。

（丙）工業資本家，紡織業起初本欲利用工人打擊日本，積極贊助工人；後來罷工延及於華廠，頓改態度，特別在日本單獨提出解決時，日本資本家擬承認工會有代表工人權及增加工資百分之十，中國紡織資本家代表親向日人表示反對，誠恐此例一開，禍延及己。

（丁）航業資本家，以爲英日輪船罷工，而中國輪船可以一時專利，竭力贊助罷工。

由上面的分析看來，各個資本家都以各自的利益做出發點，而各持相當差異的態度。然而尚未想到利用領導此次運動來取得整個資產階級的利益，觀察上面所已指出的，如罷市經工人學生與中小商人的脅迫方始贊成，罷市十日之內，絕不發表任何意見，置身事外，拒絕參加「工商學聯合委員會」，皆可證明。等到總商會會長虞洽卿由北京回來，而資產階級頓然採取積極政策（虞洽卿係一流氓出身，曾爲國民黨陳其美部下，失敗時，蟄居上海，充當買辦，開設三北輪船公司發財，於是面團團作富家翁，而爲上海資產階級之佼佼者矣。直系全盛時，皖系政客匿居上海，與虞洽卿非常接近。因此介紹虞洽卿加入皖系。此次北京政變，直系倒台，皖系再起，段祺瑞以虞洽卿爲上海商埠會辦。虞洽卿因此入京，適在五卅屠殺時）。

虞洽卿回滬後，他看清楚五卅事件，英人是要讓步承認相當條件的，於是欲藉羣衆的力量來做投機買賣了。他眼目中所欲得的有二：（一）上海租界添加華董；（二）收回會審公堂。上海租界納稅華人佔百分之七十，外人佔百分之三十，但納稅會議董事會英人六，日人二，美人一，而華人一個也沒有。董事會事實上係租界立法最高機關，一切重要法律及重要事件，皆須經董事會通過，交由工部局執行，華人只有納稅義務而無選舉權利，不平之氣，醞釀已久。虞洽卿乘機宣傳，如董事外人九人，華人亦當爲九人，最低限度華人亦得七人（此項主張日本人亦竭力利用，因爲日本人亦欲平均董事權以打破英國的權力）。會審公堂比領事裁判權尤爲豈有此理。領事裁判權爲某國人歸某國領事管理，中國法庭無權審判，會審公堂不僅華人與外人訴訟須由領事陪審，就是純粹華人與華人訴訟領事亦得陪審。這是殖民地審判機關的雛型。此項會審公堂對中國資產階級亦極不利，因爲會審公堂在帝國主義操縱中，常罰中國商人巨款。這兩樣東西與中國資產階級有切膚之痛，於他們有絕大利益，所以他們想乘此次運動，逼迫帝國主義對於他們有所讓步。

虞洽卿回滬後，資產階級的第一個策略，便是主張「單獨對英」「縮小範圍」。這個策略的反面自然是「放開日本」。不用說，這是虞洽卿在北京時，與日本帝國主義的工具軍閥段祺瑞商量好的。他們說：「紗廠罷工是經濟事情，五卅屠殺罪魁是英國。我們力量微薄，對英還怕不够，何能兼對他國」。他們主張罷市罷工範圍以英租界爲限。這個主張出來，果然發生效力，首先是小資階級開始動搖。

適六國滬案調查委員會到上海，總商會把工商學聯合委員會所提出的十七條件置之不顧，單獨另提十三條件。現在我們把兩種條件比較一下。

工商學聯合委員會提出的條件：

先決條件

（一）宣佈取消戒嚴令。

（二）撤退海軍陸戰隊，並解除商團及巡捕之武裝。

（三）所有被捕華人一律送回。

（四）恢復公共租界被封及佔據之各學校原狀。

正式條件

（一）懲兇　從速交出主使開槍及開槍擊死工人學生市民之兇手論抵，並由中國政府派員監視執行。

（二）賠償。因此次慘案所受直接間接之損失，如（甲）死傷者；（乙）罷工；（丙）罷市；（丁）學校之被損害者等項，須詳細查明酌定賠償額，應由租界當局按數賠償。

（三）道歉。除上述二項外，應由英日兩國公使代表該國政府聲明道歉，並担保嗣後不再有此等事情發生。

（四）撤換工部局書記魯和。

（五）華人在租界有言論、集會、出版之絕對自由。

（六）優待工人。外人所設各工廠，對於工作的華人須由工部局會同納稅華人會同訂定工人保護法，不得虐待；並承認工人有組織工會及罷工之自由，並不得因此次罷工開除工人。

（七）分配高級巡捕。巡捕房應添設華捕頭，自捕頭以下各級巡捕，應分配華人充任，並須占全額之半。

（八）撤銷印刷附律，加徵碼頭捐，交易所領照案，該三案歷經我國政府否認，嗣後不得再提出納稅人特別會。

（九）制止越界築路。工部局不得越租界範圍外建築馬路，其已築成者，由中國政府無條件收回管理。

（十）收回會審公廨。（甲）民事案：（1）華人互控案，華法官得獨自裁判，領事無陪審或觀審權；（2）洋人控告華人案，領事有陪審權，但不得干涉審判。（乙）刑事案：（1）如洋人控告華人者，其有關係之領事，得到堂觀審，但不得干涉審判；（2）華人互控案，華法官得獨自裁判，領事無陪審或觀審權（3）華人犯中華民國刑法，或工部局章程，視（2）項論，且原告名義，須用中華民國不得用工部局。（丙）檢察處一切職權，須完全移交華人治理。（丁）會審公廨法官，均須由華政府委任之；（戊）會審公廨之一切訴訟章程，完全由中國法官自定之。（已）對於會審公廨一切事權，除與上「甲至戊」五項，無所抵觸外，均可根據條約行之。

（十一）工部局投票權案。租界應遵守條約，滿期收回，在未收回以前，租界上之市政權，應有下列兩項之規定：（甲）工部局董事會，及納稅人代表會，由華人共同組織，其華董及納稅人代表額數，以納稅多寡比例為定額，其納稅人年會出席投票權，與各關係國西人一律平等。（乙）公共租界外人之納稅資格須查明其產業為已有的，或代理的二層，已有的方有投票權，代理的則係華人產業，不得有投票權，其投票權應歸產業所有人。

（十二）要求取消領事裁判權。

（十三）永遠撤退駐滬之英日海陸軍。

總商會提出的條件：

第一條　撤消非常戒備。

第二條　所有因此案被捕華人一律釋放，並恢復公共租界被封及佔據之各學校原狀。

第三條　懲兇。先行停職，聽後嚴辦。

第四條　賠償。賠償傷亡及工商學因此案所受之損失。

第五條　道歉。

第六條　收回會審公廨。完全恢復條約上之原狀　華人犯中華民國刑法或工部局章程，須用中華民國名義爲原告，不得用工部局名義。

第七條　洋務職工及海員工廠工人等，因悲憤罷業者，將來仍還原職，並不扣罷業期內薪資。

第八條　優待工人。工人作工與否，隨其自願，不得因此處罰。

第九條　工部局投票權案。（甲）工部局董事會及納稅人代表會由華人共同組織之，納稅人代表額數，以納稅多寡比例爲定額，其納稅人會出席投票權與各關係國西人一律平等。（乙）關於投票權須查明其產業爲已有的或代理的，已有的方有投票權，代理的其投票權應歸產業所有人享有之。

第十條　制止越界築路。工部局不得越租界範圍外建築馬路，其已成者，由中國政府無條件收回管理。

第十一條　撤銷印刷附律，加徵碼頭捐，交易所領照案。

第十二條　華人在租界有言論、集會、出版之自由。

第十三條　撤換工部局總書記魯和。

由這兩種條件比較起來，很明白看出：

（一）資產階級删去「永遠撤退駐滬之英日海陸軍」「分配高級巡捕」和「要求取消領事裁判權」；

（二）資產階級又删去「承認工人有組織工會及罷工之自由」而輕輕代以「工人工作與否隨其自便」，

（三）關於收回會審公堂，資產階級亦只要求恢復不平等條約的原狀（反面即承認不平等條約有效）。而不想根本收回。

這三點是最重要的；其餘各條減輕要求的很多，由此比較，我們很明白知道資產階級的傾向：對外只要求得到他們所需要的華董，與收回會審公堂，及撤銷印刷附律，加徵碼頭捐，交易所領照案等——（當然僅限於恢復不平等條約原狀）；對內則壓迫此次運動的主動力——工人階級。資產階級把民衆的熱血，烈士的頭顱，就這樣的作了他們階級利益的犧牲品了。

但是，總商會提出條件後，適帝國主義內部關於調查專件發生意見衝突，北京公使各將委員撤回，於是這資產階級的買賣沒有成功。他們從此就提出開市問題。他們說：「罷市一日，中國商家損失三十萬。罷市無益」。但此項主張必招民衆反對，於是他們同時宣言「援助工人堅持罷工」「抵制英日貨物」，上海總工會提出抽貨辦法，仇貨抽百分之五十，國貨抽百分之一，作爲罷工費用，他們滿口承認。六月二十三日終於開市了。

開市之後，資產階級並不履行與總工會的成約。本來照總工會計算，抽貨可得三十萬兩，足以維持罷工工人生活一月。但結果只抽得四萬餘元，此都因資產階級阻礙所致。不僅如此，資產階級還心靈手敏，取得罷工救濟的經濟權。各地及海外捐欵皆寄給總商會（發欵由其附屬機關之「濟安會」發放），資產階級財政在握，高下從心，於是對於罷工極盡操縱利用之能事。

第二步提出日廠復工問題，強制執行，他們藉口救濟費不足，或故意延宕數日不發，以挾制工人。此時上海總工會的策略亦已變更（見後），於是日廠先行復工。

第三步提海員復工問題，亦強制執行。

第四步便提出中廠復工問題。

資產階級本擬如此做法，可以挾制英國帝國主義對他讓步，曾由所謂十國商會作調和人，他們向英國表明以華董和收回會審公堂爲主要條件，其餘都不重要。資產階級雖然有點小聰明，但總不敵英國帝國主義者的老辣，英國人公佈工部局停給中日工廠電氣，於是發生電氣問題。這樣一來，使得資產階級着實狼狽。英國人說：「電氣工人罷工不得已停給電力」，其實是使中日工廠復工不成，資產階級乃大發雷霆，歸罪於總工會，完全反對工人罷工。要求交涉署與英領事交涉，以電氣工人復工爲供給電力的交換條件。工部局却要其他英廠亦一律復工。資產階級終於不能不歸屈服。

資產階級對總工會的政策，也經過幾次變化。最初是極力拉攏總工會，欲利用工人的力量，做他要求帝國主義讓步的後盾。等到所謂十國商會調和發生時，內部發生三種主張：一派主張立即封閉總工會，罷工則俟調和後停止；一派主張調和後即封閉總工會，同時即停止罷工；一派主張調和成功後，先停止罷工後封閉總工會，但現在即須驅逐工會的共產黨員，代以工賊，而收歸自己指揮之下。這三種主張顯然是最後一種最爲毒辣，代表這種主張者即爲虞洽卿。他看淸了：一方面如果此時封閉總工會，工人立刻看見他的狡謀，則無異自己打碎一個對帝國主義威脅的工具，安能使帝國主義有所讓步；另一方面數十萬罷工工人對總工會已有深厚的信仰，只可利用總工會招牌安然停止罷工。不然，難免不激成暴動。虞洽卿究不失爲老奸巨滑，當時帝國主義本已與奉系軍閥勾結妥當，首先封閉工商學聯合委員會，海員工會和洋務工會，他認爲利益尚未到手，尚非時機。於是向奉系軍閥說項，出來挽回，重新啓封三個團體。同時在另一方面則造出總工會職員吞欵濫費的謠言，指使工賊搗毁總工會所，積極向共產黨進攻。到電力問題發生之後，知英國帝國主義非可輕侮，連讓步也不要，遂積極反對罷工，主張罷工立時解決。最後與帝國主義軍閥完全沆瀣一氣，終於把總工會封閉了。而轟轟烈烈的上海五卅罷工，便在資產階級的妥協、破壞、出賣之下而終止。眞是「愈到東方的資產階級愈卑鄙愈無恥」。

## 小資產階級的動搖

首先說學生。殖民地與半殖民地國家的知識階級，在社會階級的分化與鬥爭尙未加厲的時候，還大半有革命的作用。這是很顯明的，因爲知識階級在帝國主義與封建軍閥的壓迫之下，與其他被壓迫階級一樣的找不到經濟的出路，所以很容易激發其反抗性而走到革命方面來。在此次運動中，首先激發民族義憤而表同情於工人的便是學生。五卅屠殺後，更激起學生羣衆的憤慨，與工人完全一致非常勇敢，非常堅決。前面所敘述的事實已可證明。學生聯合會，自一九一九年五四運動後，漸漸變成軟弱無力死氣沉沉，此次運動開始時，上海學生聯合會所包括的學校還只有十多個，總罷課後，各校方重新組織學生會而加入上海學生聯合會，於是乎上海學生聯合會有了肉和血附着上去了，成爲羣衆的組織了。學生聯合會在此次運動中，很成爲一個重要的分子。

在資產階級的眼中，學生是被他們所比較重視的，此次南京路的屠殺，假使是工人而不是學生，資產階級一定是漠不關心，一屁不放（譬如資產階級對顧正紅案的冷淡，便是眼前的證據）。惟其是因爲屠殺學生，他們方慢條斯理的討論。討論對於慘案的態度。所以此次學生運動有很大的作用。

但學生因其家庭的經濟地位各有不同，到一定的條件下必然會發生分化。此次運動中，自資產階級提出「單獨對英」、「縮小範圍」的主張以後，學生中便分左右兩派，右派贊成，左派反對。同時，此時國民黨中起來一個新右派，代表人物爲戴季陶。戴季陶高唱「單獨對英」說，還是孫中山極來的根本主張，自然又給學生不小的影響，於是右派學生便有勸法租界商家及東北部商家開市等情事。不久學生聯合會發生改組，左派得勢，戰勝右派。學生聯合會與總工會完全站在一邊，採取同一態度與策略，總商會主張開市時，學生聯合會激烈反對，並派代表取包圍政策打消總商會開市計劃，此時學生左傾極了。

但學生究竟不是一個經濟的階級，力量很有限，又適值放暑假學生紛紛回里，於是學生聯合會的力量便形削弱，等到假後學生回校，他們已如隔世人，熱度冰消。學生生活本來富於浪漫性，熱度當然難以持久。故在運動的後半期，學生的毫無力量就表現了。

再說到中小商人。中小商人在罷市開始雖會有一度熱烈的表現，但以後便始終是猶疑不定的態度，以至於最後完全倒在資產階級一邊。組織工商學聯合委員會時，各馬路商界聯合總會是積極參加的，後來見總工會與學生聯合會站在一邊，人數太多，於是害怕起來了，提出「每一個團體只有一票表決權；如某一團體不贊成時，此案不能通過」（按工商學聯合會由上海總工會、上海各馬路商界聯合會、全國學生總會、上海學生聯合會四大團體組織，每團體選出代表六人，如工人學生一致則佔十八人，而商人只佔六人。再則如以團體為單位，而工人學生仍佔四分之三。因此他們提出此限制）。工學兩會讓步，同意此一提案，因此他們仍存留於工商學聯合委員會之內。惟此時一方面謠言極盛，說學生會都是共產黨，甚至於還說參加了工商學聯合委員會的商人也「赤化」「過激」了，另一方面資產階級提「單獨對英」、「縮小範圍」的口號，國民黨右派又竭力鼓吹，於是中小商人由畏縮恐怖而動搖了。但還未退出工商學聯合委員會。

虞洽卿回滬後，當然非將中小商人拉住在他的影響之下不可，各馬路商界聯合會中本有少數總商會分子，於是他們積極活動，而中小商人傾向資產階級也日益濃厚了。

此時擺在無產階級面前，就是如何與資產階級爭取中小商人的領導權。適開市問題發生，總商會登報於舊曆五月一日開市，其所以如此，因端午節爲中國結賬的時期，即每個大資本家大收入的時期，故定在節前開市。小商人說「滬案尚未解決，條件尚未承認，今忽然開市，是我們商界的恥辱」。實際哩，這亦是中小商人的滑嘴，他們已感受罷市痛苦，希望早早開市，其所以要說這堂皇冠冕的愛國大道理者，不待言的，就因端午節只大商人有收入，小商人只有支出，於已不利。上海總工會看清這一矛盾，於是在工商學聯合會提議舊曆五月六日開市，結果通過。資產階級亦無可如何，只得屈從。但這種策略只一時有效，仍不能挽救中小商人之右傾，此後與無產階級愈離愈遠，而完全跟着資產階級的後頭跑了。

## 罷工策略的變更

五卅反帝運動，無疑的是無產階級做了主力軍，在此次運動中，無產階級及其政黨——共產黨，是在萬分艱難的複雜環境中鬥爭着。他們不僅與對面的帝國主義鬥爭，而且要與民族的內奸鬥爭——與軍閥鬥爭，特別與資產階級鬥爭，所以他們的策略是針對這些敵人的鬥爭。

眞的，這一鬥爭是極艱苦的鬥爭。在五卅運動初期，軍閥資產階級及其教授學者，總之所謂「高等華人」，發生無數搖惑民衆的言論與主張，這當然是無產階級及其政黨劈頭的大敵，要使此次運動發展，首先須要打倒這些賣國奴的言論與主張，這些賣國奴的言論與主張，擇其重要者可列舉於下，

（一）懲兇賠償說——他們以爲南京路慘案，懲兇賠償可以了事（其實此次慘案，殺人之罪不僅在英兵與英捕，而在帝國主義的國家之高壓政策，如工部局歷來的橫暴，及此次海陸軍警的行兇，都是國家行爲而非私人行爲）。

（二）縮小戰線說——他們主張對英日或專對英（其實此次慘案，罪魁禍首雖然是帝國主義之王的英國，而派兵遣艦向中國人示威，並堅稱上海西捕開槍無罪，日、美、法、意也和英國一樣，尤其日本在上海、青島直接殺了中國工人是此次慘案之起因）。

（三）法律解决說——他們主張此次慘案用法律解决（其實法律只能裁判私人的犯罪行爲，而不能裁判國家的橫暴與民族間的衝突）。

（四）局部解决說——他們以爲上海慘案，青島慘案，漢口慘案，都是地方問題，應各就當地局部解决（其實各地慘案，皆由於帝國主義根據一切不平等條約與特權而來，不但不是一個地方問題，而且也不是一個國家問題，而是要根本驅逐帝國主義才能解决）。

（五）政府交涉說——他們以爲只要依靠政府交涉就可以了（其實歷來的賣國政府對外懸案山積，從未得着相當的解决，並且當時政府對於各地同時並起的大屠殺案，不特不敢向帝國主義嚴重交涉，反而嚴刑峻法抑壓本國人民的愛國運動）。

這一切言論與主張，無疑的是軍閥資產階級企圖影響革命的民衆，分裂革命的民衆，把革命運動消滅下去，當時共產黨曾與之作堅决的鬥爭。

共產黨發表宣言，主張：

「第一、澈底明白中國的獨立與統一必須廢除不平等條約方能達到，須有爲此奮鬥到底的决心，切不可信所謂「高等華人」的「縮小範圍」、「局部交涉」等等苟且妥協的口號，並不可依賴段祺瑞政府一紙哀求式的官樣條文，可以達到廢除不平等條約之目的。」

「第二、須有一個革命民衆勢力集中的組織，以爲領導全國運動的統一機關：…統一那散處各地的民衆力量，以便一致的進行到勝利的道路上去。要有這樣一個全國統一機關，便必須召集各界團體的大會於北京，在大會之前，應當趕快在各地組織工商學以至農民等的各界聯合會，由這些委員會速派代表赴北京的大會；大會便舉出執行機關，代表全體中國民衆而實行種種必要的運動。……」

無產階級及其政黨此時的總策略，是所謂「民族的各階級的聯合戰線」。在上海方面，是以工商學聯合會爲其中心，由上海總工會聯絡學生會的左派，去壓迫他們的右派；又以整個學生會去聯絡各馬路商界聯合會左派，去壓迫他們的右派；然後再以整個商界聯合會聯絡總會左派，去壓迫他們的右派。的確，此時無產階級已發生與資產階級爭取中小資產階級的領導權鬥爭的開始。

開市以後，情勢日非，因爲英帝國主義此時勾結奉系軍閥業已成功。奉軍初到上海的時候，還謊稱「保護國民利益」，其實奉軍之來，即爲壓迫罷工運動替帝國主義解圍。奉軍初到上海不敢立刻下手，並不是因爲他們不願下手，而是那時運動初起，民衆反對帝國主義的情緒非常之激昂，奮鬥的決心非常之堅決，如果那時便直接壓迫，民衆必定要起來暴動反抗奉軍。

過了些時奉軍的壓迫終於開始了，首先是在青島天津壓迫罷工運動。青島日本資本家直接命令奉系軍閥張宗昌槍斃工人領袖李慰農同志及「公民報」記者胡信之，並將紗廠工會封閉，四出拿人，捉去四五十。天津日商裕大紗廠誑騙工人，假意答應他們的要求，等到他們去上工，就開槍轟出，奉系軍閥李景林也立刻幫忙，派出軍隊警察五六千人圍攻工人，死傷數百，接着還逮捕工會及學生會的領袖，嚴刑拷打慘無人道。此外南京和記蛋廠原已答應罷工工人之要求，可是工人去上工的時候，英國資本家不但悔約，並且開槍打人，又叫英國水兵來幫着殺人，奉系軍閥亦從旁幫助，這種情形眼見得就要出現於上海。英帝國主義的報紙「字林西報」公開指使奉系軍閥邢士廉（上海戒嚴總司令）說：「槍斃一二首領，則餘者當知彼等之惡作劇今應閉幕。」「如罷工必須以武力對付時，則直當訴諸武力，瞻顧無益也」。又說：「邢將軍若無行動之決心，則勢必令租界當局出而爲之。」果然奉系軍閥開始有封閉工商學聯合委員會，海員工會，洋務工會之事發生。

軍閥既一天天進逼，資產階級一天天的反動，小資產階級一天天的動搖——這種情形，工人階級應該變更自己的策略。

當時上海有一部分共產黨員與先進的工人確有這樣一種意見，想以武力暴動來救此種危機。但共產黨中央認爲「武裝暴動乃是羣衆奮起之最高潮，並且應該有全盤計劃的莊嚴工作，不應該在羣衆起恐慌之時，拿武裝暴動當做一種浪漫的拚命辦法，想借此以洩憤，或拿來替代現時困難的鬥爭。現在是羣衆的宣傳及組織工作時期，是準備武裝反抗時期，還不是直接武裝暴動的時期。」於是武裝暴動的意見被打消。

此時共產黨中央決定要防禦工人階級的孤立起見，爲保存工人階級組織及已得的勝利起見，應改變罷工的政策，以經濟的要求及地方性質的政治要求爲最低條件；至於全國性質的根本要求，工人方面應該提議委託南北政府合組一委員會來解決。工人羣衆應該糾合全國的力量，努力督促這委員會，不准它對外讓步，使它不能不擁護民衆的要求。」並且認定「爲擴大上海香港罷工運動的新途徑，增加總鬥爭中民權運動的成分，一直到平民的革命政權之實現，工人並聯合一般平民起來反對摧殘民族運動的奉天軍閥是必要的，甚至於聯合同情民族運動的軍人反抗奉天軍閥都是可以的。」於是準備結束上海罷工而開始反奉戰爭。

這個決定之後，上海罷工局勢一變，一是經濟鬥爭，一是局部解決。

## 經濟鬥爭與局部解決

經濟鬥爭與局部解決是同時並行的，就是局部解決仍然是以經濟要求爲主要的條件。我們在這裏先把局部解決敘述之後，再略略敘述經濟鬥爭。

自五卅以來，到八月中旬，罷工已兩月有餘。而總要求因資產階級之出賣，中小資產階級之淡忘，所謂各階級之聯合戰線，至此已無法重新團結，而英帝國主義强硬依然如故，無產階級何能孤軍獨戰？故總要求「委託南北政府合組一委員會來解決」，而進行工人方面自身利益的局部解決。

第一、日本紗廠復工。五卅慘案發生後，日本資本家便有先行單獨解決的表示。八月中旬由日本領事中國官廳商界調停人幾經協商的結果，日本紗廠同業組合發表聲明書，聲明條件如下：

（一）工廠俟治安維持確定之後，得承認中國政府頒佈工會條例所組織之工會，有代表工人之權。

（二）罷工期內之工資，不便發給，惟對於良善工人，因長期失業，所受痛苦，各廠表示憐惜同情，當予以相當之幫助。

（三）各工人之工資，除依照技術進步之程度，當然予以增加外，其餘應斟酌工人生活情形，與中國紗廠協議辦理。

（四）工資向以大洋計算，惟其零數照習慣以小洋支付，以後將零數滾入下期，一律以大洋支付。賞金登記工摺者亦付大洋。

（五）工廠日人，平日入廠當然不帶武器。

（六）工廠無故不開除工人，並留意優待工人。

附件：各廠自備電機者，一律先行開工，其餘復工須在工部局送電開始以後。

此外對於無電廠家，不能即行復工的工人幫助費，爲工人担任十萬元，中國總商會另籌十萬元，顧正紅撫卹金一萬元。

這些條件，總工會當然不能認爲滿意，但審查各方面的情形又不能不忍痛接受。日廠問題，算是暫且是這樣解决了。於八月二十五日早一體復工。

第二、海員復工。日廠復工以後，接着就是海員復工問題。八月二十六日上海總商會與日輪公司代表及海員工會代表商量海員復工條件如下：

（一）凡罷工海員（連小輪船駁船領江等）均復回原職。

（二）罷工長期海員長期失職，各船務公司表示同情，當予以相當之幫助，如不足由上海總商會補足。

（三）復工後不得藉故開除。

（四）各輪船由復工日起，照原有工資發給，其加資問題在復工一個月後，由海員另函請求，酌核加薪。

條件解決後，於八月二十八日復工。

第三、工部局電氣復工。上面已經說過，即是英帝國主義以工部局不供給中日工廠電氣爲挾制，如工部局不給電氣，中日工廠復工等於不復。因此連帶而及的，自然解決工部局電氣問題 。九月四日，上海總商會召集中國交涉員，工廠代表及總工會代表商量，由中日雙方紗廠與總商會集洋六萬元，作爲補助三分之一的工資，再由中國紗廠聯合會與總商會加籌三萬元，作爲特別津貼。於是工部局電氣工人也復工了。

第四、英廠復工。英國帝國主義是以英廠復工爲供給中日工廠電氣作交換條件的 ，當然亦須解決。九月二十六日，上海總商會與英廠商量條件如下：

（一）工人之工會，須俟政府工會法頒佈，並地方上治安及秩序恢復後，始得承認之。

（二）維持工人，發給罷工期內工資，星期一總商會發一元，進廠時廠內發一元，至第七日廠內發一元後，總商會發二元。

（三）各廠應調查工人之生活情形，將來到必要時，磋商酌加工資，與中日紗廠同樣辦理。

（四）各廠所給工資，均照大洋計算，零數則併入下期工資內，一律發給大洋。

（五）外國職員不時在廠內不帶武器。

（六）各廠如無正當理由，不得開除工人，並先對於工人待遇上加以注意。

（七）各廠俟內部刷清後，即行復工。

條件議完後，於九月三十日起，各英廠亦陸續復工，只英船海員堅持至最後方解決。

五卅以來的罷工，至此已依次完全解決。

在另一方面經濟鬥爭却同時勃興，而且都是華人工廠。茲將幾個重要的罷工，略略敍述：

（一）郵局罷工。上海郵局工人，在五卅發生時並未加入罷工，八月十七日舉行罷工，可算是大潮流中之異軍特起。參加者約二千餘人，聲勢頗爲浩大。要求純爲經濟條件。中國郵權表面隸屬國家，實際爲外人所霸奪，高位要職，盡爲所據。故此次罷工亦含反帝國主義性質。罷工三日，由中國官廳總商會調解，結果承認：一、工會改爲公會；薪水除照部定新章外，因滬埠生活較高，另給津貼：甲、郵務生每月十元，乙、揀信生每月七元五角，丙、郵差聽差每月六元，丁、苦力每月二元五角，戊、各部專門員役，及老大、汽車夫、機器匠、小手紙夫、銅匠、木匠每月五元。算是得到勝利。

（二）商務印書館罷工。八月二十二日，上海商務印書館發行所、印刷所、總務科全體職員工人罷工，後來編輯所亦加入，共三千六百餘人。要求亦純爲經濟條件。結果，由勞資雙方協商條件，共十六條，承認工會，增加工資，改良待遇。完全勝利。至二十八日復工，計罷工七日。

（三）中華書局罷工。接着中華書局罷工，要求與結果均和商務印書館大致相同。自八月二十八日罷工至九月二日復工，計罷工五日。

此外八月二十八日還有滬寧鐵路車務處員役提出經濟要求，路局批准增加工資，故罷工未發生。

五卅的上海大罷工，就在這樣各種形式下解決了。但接着便是帝國主義軍閥資產階級工賊之聯合進攻，而發生封閉上海總工會的事。

# 帝國主義軍閥資產階級工賊之聯合進攻——上

## 海總工會的被封

上海總工會的成立，在帝國主義是看得很清楚的，只有它是他們的最主要的仇敵，自然是無時無刻不想設法消滅它。然而因爲上海總工會是在反帝國主義的高潮中湧現而出的，它不僅有二十餘萬罷工工人的雄厚勢力，而且得着社會，特別是小資產階級之廣大同情，所以在五卅運動初期，帝國主義是無可如何的。在五卅運動的後期，資產階級一方面欲利用上海總工會脅制帝國主義對於華董及會審公堂兩問題有所讓步，即資產階級利益的部分的取得，一方面又欲利用上海總工會「統率」數十萬的罷工工人羣衆，免得發生暴動，以至於最後順利的解決（資產階級明白他們自己是無此「統率」力量的），所以不贊成解散上海總工會。大老闆虞洽卿的言論可以做代表。他說：「在國民對外運動尚未收束，工人人數又多，有一統率機關，於辦事上較易接洽，封閉總工會實爲不當。」這段話的反面，很明顯的如國民對外運動收束了（正確些說，他們資產階級的利益得到了），封閉總工會，是大當而特當的。所以一到五卅運動末期，他們不需要總工會了，他們與帝國主義軍閥聯合一致向無產階級進攻了，於是九月十八日上海總工會終於被封了。他們大家都完全明白上海總工會是他們共同的仇敵。

上海總工會自成立之日起，即在一切反動勢力環攻之中，自然敵人最合用的工具是工賊。上海本是工賊團體的中心。工賊的所謂上海工團聯合會在上海總工會宣佈成立及加入工商學聯合委員會之後，他們說 「工團聯合會是代表三十餘萬工人的組織，有三年的歷史，難道還不如三天歷史的上海總工會麽？」要求加入工商學聯合委員會。工賊的所謂工團聯合會不僅工人切齒，就是小商人亦知他們沒有羣衆和慣於招搖撞騙的醜史，不准其加入工商學聯合委員會。工賊說：「明天召集全體大會以示信」。次日他們的大會果然召集了，到二百來個流氓。其時適洋務工人一千餘人在同一屋內開會，工賊乘機欲將洋務工人爲自己的羣衆，以圖掩飾。上海總工會代表即當羣衆宣佈工賊罪狀（如破壞南洋烟草公司罷工等），羣衆大憤，羣呼「打倒工賊！」「肅清內奸！」。結果一個工賊被打傷了，餘則抱頭鼠竄而去。又次日，上海總工會亦召集代表大會，並請商會代表列席，而工賊聞訊亦乘機趕至，欲擾大會搗亂。工賊登台後，中小商人起而質問：「貴會有三十餘萬工人在那裏？」工賊窘極，而信口說而洋務工人，碼頭工人十餘萬都在他們領導之下。當時洋務工會代表及碼頭工會代表起而申明：「我們工會始終是受上海總工會指揮的，並未加入過什麽工團聯合會。」全場哈哈大笑，工賊無法只得走了。總之，在運動的初期中，工賊的一切企圖和行動都失敗。

罷工之後約一月餘，工賊又抬頭了，統率流氓數十百人到上海總工會以罷工工人名義，要求發給救濟費。至時便將總工會所搗毀一空，毆打工會職員，而警察則故意置之不理，總工會請求他們保護時，他們說：「這是工人內部之爭，警察不便干涉」。這顯然是帝國主義與軍閥的指使。可是總工會是以廣大羣衆做基礎的，工人聞訊大憤，紛紛派人來保護總工會，因此，工賊這次的破壞，總工會雖略受損失，但他們搗散總工會的目的，竟未成功。

迨九月，各方反奉戰爭忽然緊張，因爲奉軍入關以來，由直魯直驅上海，所有中國北部中部海口盡爲所奪，不僅戰敗的直系殘餘軍閥朝不保夕，即戰勝而於倒直有功新起的國民三軍（以馮玉祥爲領袖）亦被逼甚厲，在人民方面，感受奉軍殘暴比直軍還兇，因此各方面的反奉的空氣頓濃。浙江孫傳芳進攻上海的軍事行動尤其緊張。上海罷工影響到了北京、唐山、天津皆發生猛烈的罷工風潮，此等地方即屬奉軍勢力範圍，同時上海造船廠、鐵路在上海總工會領導之下，亦爲奉軍所注意，故奉軍爲免除戰爭時後方不穩起見，必須先給工人一大打擊。所以到此時決心要封閉所有工會。帝國主義處心積慮已久，奸計得售，不用說眼開眉笑了。資產階級亦因五卅罷工依次解決，所剩者只英廠而已，不再需要總工會；同時中國工廠經濟鬥爭猛烈，由對外罷工延至對內罷工了，他們以爲這是總工會所指使，又急於謀要解散總工會。於是帝國主義軍閥資產階級工賊聯合向無產階級進攻，九月十八日由上海戒嚴司令部奉系軍閥邢士廉執行封閉總工會，並指明逮捕委員長李立三及其他重要工人領袖。後來還秘密槍殺副委員長劉華同志，不過上海總工會雖然被封，但仍秘密存在，仍能秘密指揮各業工人作種種鬥爭，上海總工會已深入工人羣衆的心坎之中，這是敵人無論如何封閉不了的，所以後來始有幾次上海總工會自動啓封的事。

## 戴季陶主義之出現

還有一事在這裏不能不提及的，便是在這反帝國主義的大潮中發生戴季陶主義。戴季陶早年在國民黨中算是一位左派。在民國初年，他在上海辦「民氣報」的時候，鼓吹勞動黨；在五四運動中，他在上海辦「建設」和「星期評論」的時候，頗竭力介紹馬克思學說。就是當中國共產黨發起的時候，他確是參與發起會議，但他不願出名發起，却與我交廬抱頭大哭一場，說什麼「我雖不加入共產黨，我的精神與共產黨一致」的鬼話。當國民黨領袖主張容納共產黨加入的時候，他還是竭力贊成的一個，所以以前的戴季陶無人不承認他一個國民黨左派。這不算奇怪，在社會階級分化還不大明顯和銳利的時候，急進的資產階級分子思想的左傾，在世界各國都不乏前例。如俄國的斯托廬威便是明證。一九二五年大革命一來，新興的無產階級，更明顯的表現它的階級覺悟與鬥爭力量，而成功一獨立的而超越資產階級的政治勢力，並且事實上成了威逼資產階級的勢力，這樣一來，却使資產階級及其學者嚇壞了，於是寧願拋棄反帝國主義而拚命進攻無產階級。其着重點便是攻擊階級鬥爭的理論，戴季陶主張便是代表這一個傾向。

戴季陶當時七辛八苦的著了一本書叫做「國民革命與中國國民黨」，最重要的話是說：「我們非得到國家的自由，民族的平等，便甚麼問題都無從談起」。「我的心目中，只有一個中國國家和民族的需要」。他批評中國共產黨說：「爭得一個唯物史觀，打破了一個國民革命」。又說：「不把中國國家和民族的眞實的需要認清楚，單是一味的盲進」，「使國民吃不必要的痛苦，負無所得的痛苦，那就眞可憐極了」。他說：「擁護工農羣衆的利益，不需要取階級鬥爭的形式，因爲人類是具有仁愛性能的，可以仁愛之心感動資本家，使之尊重工農羣衆的利益。」整個戴季陶主義的精神，就是「對外一致，對內不可鬥爭。」戴季陶主義在當時的影響確不小，促成國民黨內部的新分化，而新右派遂以形成，其時舊右派已經離開黨，所遺下的地位，便給新右派頂補了。

戴季陶主義一出現，共產黨即與之作過極猛烈的鬥爭，但他的影響仍是伏流而進，一直到一九二六年廣州有三月二十日的政變發生。

## 此次運動中的教訓

總結起來說，在這次運動中，無產階級及它的政黨所採取的策略，鞏固無產階級的獨立力量，與資產階級爭取對城市小資產階級領導的嘗試，罷工擴大到華廠不爲什麼民族學說所束縛，這些都可說是幼稚的黨所難能而可貴的事。但是在此運動中，分明看見資產階級的妥協與最後反動，分明看見城市上層小資產階級的動搖與不可靠，分明又看見了無產階級的孤立，然而却沒有教訓我們的黨，沒有覺悟無產階級需要另找最可靠的同盟，這最可靠的同盟者就是廣大的農民與城市貧民。很顯明的，上海五卅運動之未能得到如何直接的結果，固然是由於資產階級之出賣，小資產階級之怠工，然而最主要的原因，是由於無產階級之孤立，無產階級未能取得廣大農民與城市貧民的贊助而孤立，論理這裏應該啓示我們的黨，要開始積極做廣泛的農民運動，然而結果沒有，不僅沒有，而且走到另一機會主義的道路上去了，這一道路便是所謂「聯合同情於民族運動的軍人，反抗奉天軍閥都是可以的」。反奉戰爭，確是當時無產階級所需要的，然而當時共產黨中央的主要負責者，現今成了共產主義的叛徒——陳獨秀，從此得出的結論，是工人階級力量到底不行，於是他專心致志的去祈禱馮玉祥之戰勝，郭松齡之倒戈，聯合軍人反奉，成了當時共產黨中央的「國是」。「聯合進步軍閥反對反動軍閥反對帝國主義」，補充了陳獨秀主義的一部。很顯明的至於無產階級應該爭取農民這一偉大事業，在當時是連做夢也未曾想到。後來上海三次暴動，共產黨不能利用這次運動中所得的教訓，以致於暴動得到悲慘的失敗，自然不是偶然的。

五卅運動以後，革命高潮，一瀉汪洋，於是釀成一九二五年至二七年的中國大革命。

# 第十三章 省港大罷工

## 罷工的準備

省港罷工是爲了抗議上海「五卅慘案」而起，繼續了一年多的長久，成了五卅以來反帝國主義長期潮流之最後砥柱。罷工繼續到這樣長久的歲月，詳細敍述所佔篇幅太多，我們這裏只能將這次罷工擇要的作用簡括的敍述。

省港罷工未能繼上海五卅運動立時發動，其原因是廣州此時發生劉楊戰爭，廣州正在準備戰爭狀態中，故中華全國總工會接到上海五卅慘案消息後僅只能召集一次示威的羣衆大會，還不能有省港罷工的決定。雖然如此，但全國總工會已準備於劉楊戰爭告終之後，必須號召這個罷工以響應上海。故當戰爭方殷之際，就派代表到香港去準備。

當時香港的情形是這樣：工會雖有百餘，但不是黃色工會，便是行會工會。海員工會雖有我們的影響，特別是林偉民、蘇兆徵兩同志相繼加入共產黨後，我們在海員工會中的影響增加，但該會會長還是一個極右傾的分子。香港的共產黨員，此時還不滿十人，而多爲最下層的碼頭工人，共產主義青年團雖比黨多幾個，但多數爲學生。很顯明的，如以我們主觀力量估計起來，罷工能否發動，確無把握。我們當時鼓勵這個罷工是從上下兩方面着手，一方面在各工廠散發傳單，一方面與各工會領袖接頭。此時上海反帝革命高潮風起雲湧，這種影響給予香港工人極為巨大，果然，不到數日，我們的鼓動工作生效了，罷工情緒繼續增高。當時我們最感困難的是香港工會的不統一，我們在十一章便已指出。當時香港工會大別三派：（一）工團總會派，包含七十幾個工會，多屬手工業，就中海員工會為一大產業工會；（二）華工總會派，包含三十個工會，亦屬手工業，重要的只電車工業；（三）無所屬派，約二十幾個總工會，抑多是大工會，如機器、起落貨、煤炭、洋務等工會。在這樣分立狀況之下，罷工如何能夠一致。幸第二次全國勞動工會成立了中華全國總工會，香港各工會是參加過勞動大會的，故對於中華全國總工會的代表頗有信仰。於是全國總工會之代表召集各工會代表聯席會議，公然罷工竟在此次會議上無異議通過，還通過罷工宣言與罷工要求。過一日又開第二次聯席會議，組織罷工的統一指揮機關，定名為「全港工團聯合會」，並選定職員。

上面說過，香港工會不是黃色工會，便是行會工會，為什麼這些黃色領袖會贊成罷工呢？這因為黃色領袖有他們自己的企圖與希望。這班黃色領袖實際上是些百業不居的分子，以抽收會費為生，他們以為參加罷工，與自己並無不利，因為罷工之後，領導權握在手中，一方面固可取得愛國虛榮，一方面又可取得剋扣罷工經費的實利，所以他們贊成罷工。這一點我們當時是估計到的，所以在香港與這些黃色領袖計議罷工時，關於他們爭奪罷工指揮機關的位子，我們當時取放任態度，因為那時如要香港罷工實現，的確少不了他們，去了他們罷工便會被搗亂。我們所需要的是罷工實現，故對他們一時不能不採取容忍策略。雖然如此，但黃色領袖事到臨頭終於畏縮起來了，向我們提出許多難題：第一個是罷工工人的食宿問題，他們說劉楊戰爭未平，罷工工人何處取得宿食？我們解答．劉楊戰爭三日內可平，回廣州宿食不成問題。果然劉平劉楊的消息第二日便證實了，但黃色領袖還不相信宿問食題有把握，一定要派代表到廣州接洽；其時劉楊戰後，廣東政府，接受共產黨的提議，贊助香港罷工，因此香港工會派去接洽代表得到滿意的答覆。第二個是如何應付香港政府封鎖出口問題，他們說：香港政府如下戒嚴令，停開火車，罷工工人不能出口，怎樣辦？我們解答，即使火車停開，尚有好幾條水路與旱路可回廣州，萬一香港政府眞的封鎖水路交通，我們起來暴動，我們有全世界工人的同情與援助。到最後，第三個難題來了，黃色領袖提出罷工程序問題，他們主張分批罷工，其畏懼罷工更明顯了，我們極力主張同時罷工。在會議上，他們勉强通過我們的主張，但我們已預料到黃色領袖必然怠工，在此千鈞一髮之際，當晚共產黨黨團開會決定，首先由受我們指揮的各工會（海員、電車、華洋排字、洋務等工會）先行罷工，再來逼迫黃色工會罷工。於是這偉大歷史意義的省港罷工，就在這個決議之下，於六月十九日晚實現了。

## 罷工的爆發

未罷工以前，香港各工會聯名送給香港政府公文一件，敘明罷工理由，並臚列罷工要求條件，分兩大綱：第一綱，擁護上海工商業聯合會之十七條件；第二綱，對香港政府要求六項：（一）政治自由；（二）法律平等；（三）普通選舉；（四）勞動立法；（五）減少房租；（六）居住自由。

宣佈罷工時，發表宣言，其大意如下：

「中國自從鴉片戰爭之後，帝國主義除了經濟的政治的文化的侵略以外，還要加以武力的屠殺，是而可忍，孰不可忍，故我全港工團代表聯席會議，一致決議與上海漢口各地取同一之行動，與帝國主義決一死戰。我們為民族的生存與尊嚴計，明知帝國主義的快槍巨砲可以制我們的死命，然而我們亦知中華民族奮鬥亦死，不奮鬥亦死，與其不奮鬥而死，何如奮鬥而死，可以鮮血鑄成民族歷史之光榮。所以我們毫不畏懼，願與强權決一死戰」。

六月二十九日晚起，香港如大地震一樣，罷工爆發了，海員、電車、印務首先發難，接着是洋務、起落貨，煤炭工人以及各種工人相繼而起，最後是機器、船塢工人亦相率罷工，前後約十五日，完全罷盡，罷工人數約二十五萬人，而罷工局勢遂以大定。工人從火車、輪船、前山、江門、三水河口，紛紛分道回廣州。

廣州沙面洋務工人亦同時罷工。

這裏須略略補述的，上面說過黃色領袖事到臨頭便畏縮起來，真的，如果不是海員、電車、印務首先發難，罷工一定發生變化，事實上黃色領袖對於同時罷工之決議案怠工，一直到後來影響所及，工人羣衆紛紛自動罷工，才不得不跟着走。所以共產黨黨團決議是正確的。最有趣的，是海員工會會長是一極右傾的分子，對於罷工，臨時發生動搖，海員逼着他下罷工命令，說：「下不下，不下以老拳奉送」，因此他不得不下罷工命令了。更有趣的，是香港機器華人會，本係香港帝國主義之御用機關。對於各工團聯席會議始終拒絕到會，罷工發生以後又始終不肯下罷工命令，但是其屬下的機器船塢工人羣衆，却不待工會罷工命令，紛紛自動罷工，這就是機器船塢工人罷工獨後的原因。

香港政府事先對於罷工本有所聞，密探四出，捉拿領袖，並佈告說：「上海事件與本港無關，工人應安心樂業，不得妄動，妄動者嚴懲不貸」，但這種恐嚇，對於罷工工人，絲毫不生影響。罷工發生，香港政府一時手忙脚亂，宣佈歐戰時的戒嚴令，宣佈禁止糧食出口令，宣佈禁止金銀圓塊紙幣出口令，海軍陸戰隊全體登陸，軍艦生火往來海面巡邏，香港頓時陷入戰時狀態，但工人却萬死不辭，蜂擁離港。

## 沙基慘案

罷工工人紛紛回廣州，六月二十三日偕同廣州市工人，四郊農民，青年軍士，學生共十萬人舉行大示威遊行，當路過沙面租界對岸之沙基時，英法帝國主義命令水兵巡捕在沙堤背後描準遊行羣衆，開放機關槍掃射，同時，兵艦發砲示威，二十五分鐘後，五十二個中國人當場被槍擊身死，重傷者一百七十餘人，輕傷者無數。上海、漢口、青島等處大屠殺，又重演於廣州。但帝國主義這樣一來，却更激起中國民衆反抗的決心，於是各界人民更表示熱烈援助省港罷工。

## 罷工工人的組織

罷工工人到達廣州以後，中華全國總工會召集香港沙面各工會代表大會，當通過罷工委員會的組織法。罷工委員會以十三人組織之，香港方面九人，沙面方面四人。罷工委員會之上為罷工工人代表大會，以人數為比例，每五十人選一代表，為最高議事機關。共計代表八百餘人，間日開會一次。罷工委員會之下設幹事局，分設文書、宣傳、招待、庶務、交通、交際、游藝七部。另設財政委員會，

[illegible]及保管罷工經費。後來又添設會審處，爲審判破壞罷工，私運糧食，偷賣仇貨之走狗的機關，並監獄，拘禁犯人。設保管拍賣處，爲保管及拍賣被糾察截獲仇貨的機關。設法制局，爲起草各機關組織法及各種辦事細則的機關。設審計局，爲審核各機關開支賬目的機關。設築路委員會，爲管理修築馬路事宜的機關。另有糾察隊（見後），水陸偵緝隊，罷工工人醫院，宣傳學校等機關。又設工人飯堂，工人宿舍，封閉原來之賭館烟館及所有廣州市空屋充之；分全市爲八區，每區設登記處，罷工工人登記後領得憑證，分往宿舍住宿，至於吃飯則只要有憑證及飯票，到處可以吃飯。到後來，還添設不少機關，不能詳述，真的，這個罷工委員會，按其實際，實不啻一個政府，它有絕對權力，可以處置一切與罷工相關之事，廣東政府不得過問，所以後來香港帝國主義宣傳廣東有「第二政府」，就是指此。

罷工委員會委員長就是蘇兆徵同志。原來當大會通過罷工工人組織法時，黃色領袖力持異議，首先反對組織統一的罷工委員會，謂香港沙面應各有機關各辦其事，但是遭大會的打擊而失敗。繼則反對代表大會以人數做比例，謂應以工會爲單位（黃色工會多半係手工業的小工會，人數不多）亦遭大會的打擊而失敗。三則中華全國總工會向香港提出希望：罷工委員會中香港方面之九人，應包含海員、起落貨、機器、煤炭、洋務各一人，及工團總會，華工總會各二人，他們又反對，主張自由選舉，但選舉結果全國總工會的希望完全勝利，他們又失敗。因此黃色領袖着着失敗，他們在香港時之一切企圖，到此皆空。蘇兆徵同志被羣衆擁護起而充當委員長。

我們對於黃色領袖的策略，在重要地方雖不讓步，但在次要地方亦可放任，比方在香港發起罷工之指揮機關——「全港工團聯合會」，我們聽其存在，月給津貼。各部亦網羅他們參加辦事。甚至還採用過收買辦法，分裂他們的團結。這些黃色領袖在罷工過程中，營私舞弊，屢見疊出，後來經代表大會——加以懲戒，有不少還被逮捕送會審處，處以有期徒刑。

我們須特別指出的，是這次罷工，這個八百餘人的代表大會的確起了不可思議的偉大作用。罷工策略經過集體的討論，以致取得一致的團結。罷工內部許多糾紛，都依靠代表大會的威權予以解決。黃色領袖以及一切反動分子之陰謀企圖，都受到代表大會的嚴厲制裁。工人羣衆的一切意志，都經過代表帶到代表大會。罷工消息又經過代表帶入工人羣衆。罷工委員會的會務及財政，皆經常在代表大會報告，以致外面一切謠言都失其效用。罷工各機關重要職員，都經過代表大會選舉，不稱職時又經過代表大會隨時撤職，因此罷工各機關不致腐化。眞的，代表大會奠定了此次罷工。這個經驗我們是在這次罷工中第一次取得的。

再須附帶提及的，是罷工委員會一切權利都有，只沒有殺人權，正因爲此事，當時曾發生一場激烈的鬥爭。原來罷工起後，香港帝國主義派遣大批走狗，溷入廣州，造謠搗亂，破壞罷工。有林和記者，運動海員復工，會審處以其情節重大，判處死刑。此消息傳出以後，廣東檢查廳長以「尊重法律，保障人權」「破壞罷工，罪不至死」爲辭，提出抗議。罷工工人大憤，以爲此次罷工，係反帝國主義的革命的非常時期，不能以普通法律，寬宥國賊。結果是由廣東政府另組「特別法庭」，處斷此等人犯。

## 封鎖香港

封鎖香港本是一九二二年海員罷工的舊經驗，故罷工工人一回廣州，各工會即紛紛自動組織糾察隊封鎖香港。罷工委員會成立以後，乃統一各工會糾察隊，加以整理與擴充，設總隊部，置總隊長一人，訓育長一人，爲全隊主腦（後來改爲七人的糾察委員會）。設總教練一人，施以軍事訓練。下分五大隊，每大隊置大隊長一人，大隊副一人，訓育主任一人。每大隊下分三支隊，每支隊置支隊長一人，支隊副一人，訓育員一人。每支隊下分三小隊，每小隊置小隊長一人，每小隊下分三班，每班置班長一人，每班十二人（這個編制後來略有變更）。糾察隊起初總數爲二千餘人，後來還有擴充。糾察隊的責任，爲維持秩序，逮捕走狗，截留糧食，扣緝仇貨。糾察隊佈置以後，分派到各海口駐防。因此省港交通完全斷絕。繼以澳門附和香港，亦宣告斷絕。當廣東尚未統一時，糾察隊封鎖線還只限於珠江口一帶，東起深州，西抵前山。後來廣東政府收復東江南路糾察隊的封鎖線也擴張了東至於汕頭，西至於北海。廣東沿海港口皆有糾察隊駐紮，蜿蜒數百里，旌旗相望，金鼓之聲相聞。糾察隊還有小艦十二艘，電船數隻，往來巡查。糾察隊槍枝號稱四百餘支，實只二百餘支能用（我們當時爲增加槍支，不知花了若干氣力，結果增加不多），香港便在這樣封鎖之下，肉食菜蔬，無從取得，猪肉漲至一元餘一斤，雞蛋漲至五角多一個，牛肉幾乎絕跡，街市等於虛設。街上垃圾糞穢，堆積如山，樓居者以紙包糞，拋擲街中，加以暑日炎蒸，臭氣薰天，故當時羣呼香港爲臭港。但是最使香港痛苦的，還是經濟上受到空前未有的大打擊。

## 香港經濟上的空前損失

當沙基慘殺後，沙面英國領事送來一函，大意是說「你們抵制英貨好了，何必罷工！」當時我們頗爲詫異，繼乃考察「中國海關貿易册」，則知香港每年出入口貨價值爲一萬五千萬金鎊，約合華幣二十五萬二千萬元。罷工以後，航業商務概行停止，平均罷工一月，損失二萬一千萬元，罷工一日，損失七百萬元。但英國貨每年輸入廣州者不過三四千萬元，這樣罷工五六日，便抵得排貨一年。罷工是如何有力量的武器呀！於是我們堅持罷工排貨與封鎖，以與香港帝國主義相周旋。

眞的，香港自被封鎖以後，經濟上受到空前大損失。我們根據當時香港報紙自己披露的消息，就可看得出來。

就輸入輸出來說。一九二四年輸出爲八百八十一萬鎊，一九二五年只得四百七十萬鎊，相差四百十萬鎊。一九二四年秋季入口稅，總數爲一千一百六十七萬鎊，一九二五年秋季則降落到五百八十萬鎊，相差五百八十二萬鎊。總之，輸出輸入，一九二五年皆只得一九二四年之半。原因是這樣的，香港出口貨中，四分之一往中國北部，四分之一往南洋羣島，四分之二往中國南部。香港罷工工人封鎖以後，即使中國北部與南洋羣島未被封鎖，但中國南部是被封鎖了的，所以輸出輸入皆損失一半。

我們再就其他方面來說，都可證明香港經濟上的損失。例如航業，一九二四年到港船數爲七萬六千四百九十二隻，其噸數爲五千七百萬噸，平均每日有船二百一十隻，共噸數爲十五萬六千一百五十四噸。但自一九二五年七月起計算，平均每日僅有船三十四隻，噸數爲五萬五千八百一十九噸。一九二五年與一九二四年比較，船數之減少爲六・五倍，僅得一九二四年百分之十五・；噸數減少七・二倍，僅得一九二四年百分之三十六。

再如商店破產。罷工以後，香港報紙與政府通告，每日必有商店報窮案。僅就一九二五年十一十二兩月，計破產的商店已達三千餘家。

又如銀行。罷工以後，存欵斷絕，提欵突增，紙幣被抵制，現金流出。雖然當時香港報紙對於銀行損失，諱莫如深，我們無從考察，但股票是低跌的，如一九二五年六月二十二日至十月十九日滙豐銀行股票，由一千二百九十元跌到一千一百四十元，已減少百分之十一·五。

又如政府收入。罷工以後，出入口貨稅固然損失大半，地價也跌到十分之五，房租又跌到十分之四。稅收固然銳減，同時開銷却又銳增，因爲政府要應付罷工風潮，軍備等項突然增加。眞的，香港政府當時把常存不用的存欵一千七百萬元，都從銀行提出來用了，並提出製定新預算，高唱「裁員減薪」。

也就因此引起香港帝國主義對於廣東的憤恨，七月二十七日，召集什麼公民大會，電請倫敦英皇，立卽出兵攻打廣州，驅逐「過激黨」，說廣東人都是「過激黨」。後來八月十五日，又召集公民大會，以前次電報，英皇不理，乃改電首相，意態極其憤懣，仍請立時出兵。但當時英國倫敦政府因本國無產階級之不穩，各殖民地之蠢動，各帝國主義間之衝突，有此種種原因，所以對於香港什麼公民大會之答覆是：「香港困苦，倫敦至深繫念，惟統觀全局，現時無法出兵。」倫敦政府當時借欵給香港三百萬鎊，爲救濟商業之用。但當時有名的演說家哥爾就說：「此次借欵，只不過救濟香港危機於一時罷了」，香港此時眞是陷於絕地。罷工、排貨、封鎖，這是如何有力量的武器呀！

## 國民政府的成立

罷工以後，廣州當時的政治情形是這樣 劉楊雖被削平，但東江又被陳炯明佔領，南路仍被鄧本殷割據，就是廣州內部各派軍閥亦是擁兵自恣，各有異志，總之此時廣東仍是四分五裂的狀態，仍然是處於內憂外患岌岌可危的環境。幸而有此次罷工，十餘萬革命工人，集在廣州，表示擁護革命政府，當時國民黨左派，也不覺氣壯，採納共產黨的提議，重建新政府，即國民政府，宣佈新政綱，主張軍政統一，財政統一，民政統一，各軍受政治訓練，軍需獨立。這樣一來，廣東內部即起分化，主要分成三派：一派以許崇智爲首 ，而魏邦屏梁鴻楷及所有粵系軍官屬之；一派以胡漢民爲首，而一般官僚政客屬之；一派以廖仲愷汪精衛蔣介石爲首，而左派黨員及工農羣衆屬之。共產黨不用說是贊助最後一派。新政府成立了，但三派之明爭暗鬥，也愈趨愈烈。胡許兩派陰謀政變，首爲罷工委員會查覺，於是召集罷工工人於八月十一日舉行肅清內奸大運動，遊行示威，其意即在於壯國民黨左派之胆，實行斷然處置，但國民黨左派當時却極其動搖，懍然不動手。此時胡許兩派公開宣傳「反共產」（其實劉楊叛變亦以反共產爲口號），形勢更爲嚴重，一直到八月二十日廖仲愷被刺，國民黨左派方下最後決心，解散梁鴻楷魏邦屏的部隊，並下令捕拿胡毅生朱卓文諸人，在軍事行動時，罷工工人爲軍隊作偵探與嚮導盡力甚多。隨後驅逐胡許離粵，許崇智則「以請假赴滬」爲名，胡漢民則以「出使蘇俄」爲名。廣東政權從此完全遞入左派之手，此一時期，可說是左派執政時期。

此時罷工工人與國民黨政府眞是相依爲命，有存則俱存，亡則俱亡之勢，內外環境更爲惡劣；在廣州，謠諑繁興，反側叢動；在全省，陳炯明陷落惠州，鄧本殷進攻江門，中山縣被土匪佔領；在省外，香港勾結北艦南來，資助陳鄧反攻。於是罷工工人援助國民革命軍東征與南征。

在東征與南征的時候，罷工工人組織運輸隊，運輸輜重接濟前敵，組織宣傳隊 隨從大軍前進，向農民宣傳，組織衛生隊，救護戰場傷亡戰士。罷工糾察隊請纓出征，上陣殺賊。政府囑其鞏固後方。真的，國民革命軍得罷工工人之助，行軍迅速，東征軍一鼓而下惠州，再鼓而佔汕頭，東江以次收復。南征軍一鼓而平高雷，再鼓而入瓊崖。南路也以次底定。前後不過三個月，廣東全省統一了。

當時中國國民革命唯一的根據地，就在罷工工人幫助之下完全鞏固了，以至於能再準備力量，而有後來之出師北伐。

## 罷工的中心策略

罷工的頭兩個月，因封鎖香港，海外交通完全斷絕，任何國家輪船皆不准其出入廣州。這樣一來，這種封鎖不只封鎖了香港，而且封鎖了我們自己。

因爲廣東米糧向來仰給海外，以香港爲總轉運之門戶，如不溝通海外直接航運，勢必自困；再則廣東工業尚不發展，貨品無以自給，特別是燃料缺乏，如不溝通外埠直接運來，亦係自困。此外還有兩個問題須得解決：一個是商人營業問題，很顯明的，沙基慘案之後，愛國空氣高漲！一時商人停止貿易，尚可隱忍，時過境遷，熱潮低降，商人非要求貿易不可。再一個是帝國主義聯合問題，也是很明顯的，英美日帝國主義年來爭奪廣東市場，極爲猛烈。據「中國海關貿易冊」的數字，英貨逐年遞減，日美貨則逐年遞增。廣東排英，在日美自然認爲是取英而代的絕好機會，如廣東抵制一切外貨勢必逼成日美與英協同對我。罷工委員會有見及此，於是決定一種「特許證」制度，訂定「凡不是英國貨英國船及經過香港者，可准其直來廣州。」此特許證由罷工委員會、商務廳、公安局、外交部共同簽字發出。這個特許證實行後，眞的，上海、暹羅等處商船聞風而來，美國大來公司日本三井洋行及各國商船亦要求領證復業。於是上海廣州間之航船，暹羅與廣州間之航線，直接打通，廣州江面，每日有四十餘隻船入口，造成廣州有史以來所未有的現象。

這一個「凡不是英國貨英國船及經過香港者可准其直來廣州」之原則，是省港罷工的中心策略，眞的，在這個中心策略之下，解除廣東經濟的困難，保持廣東商人的中立，拆散帝國主義的聯合戰線，最後還促進廣東經濟的獨立發展，使這個偉大的罷工，得以堅持如此長久的歲月，就是由於這個中心策略之正確。

## 工商聯合

這裏我們要說到當時廣東商業資產階級對於罷工的態度。當罷工開始時，特別因爲發生沙基慘殺，商業資產階級爲愛國空氣所降住，當然不敢公開反對罷工，同時也不贊助罷工，譬如罷工開始時，我們要廖仲愷（當時他身兼國民政府財政部長和廣東省政府財政廳長）召集全市商人開會，商量捐助罷工經費，結果是商人只捐數千元敷衍面子。罷工委員會自動宣佈特許證制度後，商業資產階級才乘機向罷工委員會進攻，原因是此時正是胡許兩派陰謀政變，政局杌隉不定，我們內部異極端困難的時候，他們看清了這一點，受胡許兩派的指使，於是挺身出來反對特許證制度。問其所持理由，則曰「手續麻煩，手續費太重。」罷工委員會認爲這是枝節問題，手續可以力求簡單，手續費亦准予減免，但不能取消特許證。商人仍堅持反對，主張根本取消。不久廖案發生，政府斷然處置，解散反動軍隊，通緝反動政客，驅逐胡許出境，政府轉危爲安。罷工委員會又自動取消特許證，並提倡「工商聯合」，邀請四商會共同商議善後辦法。罷工委員會提出仍以「凡不是英國貨英國船及經過香港者可准其直來廣州」爲原則，訂立工商善後條例，共同蓋章，張貼佈告，以資遵守。以後只在罷工委員會領取輪船出入口證，不須經過商務廳公安局外交部等機關簽字，手續費一律減免。商業資產階級見我們鎮壓反動如此神速，政局突然安定，又見我們自動取消特許證，已無可借口，對於「凡不是英國貨英國船及經過香港者可准其直來廣州」這一原則，當然不便反對，如反對無異自承爲英國帝國主義走狗。因此商業資產階級完全接受罷工委員會的提議，罷工委員會與四商會聯名蓋章的皇皇佈告遂貼滿街上了。

的確，從此以後，商業資產階級對於罷工不僅不反對，而且相當贊助，這不是他們革命性的表現，而是有經濟的原因。原來廣州自與海外直接建立交通以後，商務突然興盛，不僅比罷工開始時興盛，而且，比沒有罷工以前還要興盛。茲將粵海關一九二五年七月罷工以後各月分收入的統計，與一九二四年同月分的作一比較：

（以海關兩計）

| | 一九二四年 | 一九二五年 |
|---|---|---|
| 七月 | 二三九•五二三 | 七〇•七七一 |
| 八月 | 二八一•八一六 | 一五〇•一八〇 |
| 九月 | 二八九•六三二 | 二三二•四〇七 |
| 十月 | 二四二•〇七八 | 三〇六•一二五 |
| 十一月 | 三一九•八三五 | 三三七•五三二 |

| | | |
|---|---|---|
| 十二月 | 二八二一•五六四 | 三〇四•八三三八 |
| | 一九二五年 | 一九二六年 |
| 一　月 | 二五七•五四一 | 四二二•九七一 |

觀上表，可看出，七月罷工初起時，海關收入較一九二四年同月分少三分之二，此時商務可說極壞，但自十月與海外直接建立交通後，則不僅完全恢復原狀，而且逐月均有增加：一九二六年一月比一九二五年同月，超過五分之二。爲什麽呢？第一，因爲廣州與海外直接建立交通，第二，因爲廣州與香港澳門交通斷絕，而且內地向來採辦貨物直接港澳者，現在都改向廣州採辦，廣州之批發商業乃驟然興盛，所以當時資產階級的報紙也說：「此種情況，誠出一般人意料之外也。」這樣，罷工不僅不妨害廣州商務，而且大有造於廣州商務。這就可以解釋當時廣州商業資產階級能够接受罷工委員會「工商聯合」的口號，甚至於到一九二六年一月，香港政府不接受罷工條約時，廣東四商會開大會，義形於色的做決議說：「此次罷工爲人民自動，出於愛國運動，爭回國體與人格，各工友如此犧牲熱烈，我等商人亦應聯合一致熱烈援助，務求達到香港完全承認復工條件爲目的。」

## 國民黨與這次罷工

這次罷工是由共產黨發起而成的。究竟國民黨對這次罷工取如何態度呢？這裏須得加以敘述。在罷工發動的開始數日，共產黨中有一部分同志，有這樣一種機械論的見解說：「共產黨是無產階級的政黨，罷工是無產階級的事情，所以省港罷工應完全由共產黨獨立領導，不要國民黨來過問，國民黨來過問便會奪去領導權」。其實領導權共產黨是不是會失掉，那要看共產黨在罷工工人羣衆中的工作是不是努力才能決定，拒絕國民黨過問是不能保證共產黨對罷工的領導權鞏固的，並且這種拒絕國民黨過問，實際竟拒絕國民黨帮助，假若當時不取得國民黨帮助，的確罷工不到一個星期便要倒台。試問十幾萬人的伙食經費從何取得？無疑的這種機械論的幼稚見解是不對的，當卽被黨否決。不僅要國民黨過問，而且要拉國民黨來過問，這樣才能取得國民黨目前迫切的物質帮助，這與領導權問題全是兩件事。的確當時國民黨因劉楊戰爭剛畢，新勝之餘，對民衆運動極爲援助，特別是劉楊戰爭之中，鐵路工人與海員工人罷工給予他們軍事上很大的便利（參看下一章），所以使得他們懷好感，省港罷工起，共產黨要求國民黨經濟援助，他們很慷慨的承認而且實行了。

後來才接各方面的捐款。從罷工開始直到一九二六年六月，罷工委員會收入是這樣：國內捐二十五萬元，海外華僑捐一百十三萬元，租捐及政府收到各方捐款二百八十萬元，殷實紳富捐二萬元，拍賣英貨四十萬元，罰款二十萬元，其他二十萬元，共四百九十萬元。

的確，國民政府財政部，自始至終是每月送給罷工委員會一萬元。

當然國民黨內部對於罷工的態度是不一致的：右派是始終反對，左派在罷工的頭半年的確是熱誠擁護的。左派擁護罷工的原因，在政治方面，我們在上面已經說了許多，很明顯的他們那時完全要依靠工人帮助才能把握政權，故不能不擁護罷工。在經濟方面，我們來多說幾句話。

自罷工以後，國民政府的收入，也增加了。一九二二年，廣東全省收入爲一千萬元，平均每月爲八十五萬八千元。一九二四年收入僅七百九十八萬六千元，平均每月爲六十六萬五千元。一九二五年罷工以後，八月收入爲一百五十萬元，已比前兩年每月收入之平均數增加不少。到十月，收入達到三百六十一萬六千元。十一月收入爲三百八十萬元，則較前兩年每月收入之平均數多至六七倍了。

為什麼呢？因爲一方面是由於廣東統一的影響，但另一方面則因爲省港罷工，斷絕與香港交通，把大門關住，好讓政府來從容的有計劃的從事財政的整理 。原來廣東經濟向來是受香港所操縱和支配。比方廣東政府所設立之中央銀行，孫中山在時，舌敝唇焦要求人民信任他們紙幣，但結果經不起香港紙幣之操縱，使得中央銀行紙幣價格起落不常，信任動搖。直到罷工以前，中央紙幣一元還只當三四角用。罷工以後，加以沙基慘殺，於是廣東人民抵制香港紙幣，又兼封鎖，故香港紙幣當時幾乎絕跡於市面，而中央銀行乘此加以整理，再不受香港紙幣的操縱，因此信用恢復，營業擴張，紙幣變爲十足使用，舉銀行就可以概其餘。

從上面的事實，就可以解釋當時左派政府爲什麼熱誠擁護罷工？又何況政府每月津給罷工委員會的一萬元，事實上是政府從各方面收得的罷工捐欵，慷他人 慨於已毫無所損，又何樂而不爲。

但是這些左派，到一九二六年一月以後，對於罷工就有些冷淡了，當然廣東統一了，不再需要罷工工人了，又加上右派借罷工如何「不法」的誣蠛事實，專門與左派爲難，小資產階級動搖的根性發展了，遂日益與罷工工人離開。

三月二十日政變，代表民族資產階級的新右派掌握政權以後，無疑的是反對省港罷工，其所以不敢斷然解散罷工者，因他們自已力量還感覺不足，一時還不能脫離無產階級，因爲省港罷工到此時確已形成一個堅固的力量，而且是正在與帝國主義鬥爭着，無端解散罷工，於力固所不能，於理亦所不願。

# 香港帝國主義態度的變化與廣東政局

香港帝國主義對於罷工的態度經過好幾次的變化，這些都與廣東政局有關。

第一期，強硬時期。罷工開始時香港方面，急於在求一戰，所以他們的什麼公民大會，兩次電求倫敦，出兵攻打廣州。出兵被倫敦否決後，香港則專心一致實行「以華制華」政策：一方面勾結北方軍閥侵粵，一方面勾結廣東內部一切反動勢力作亂。第一着便是香港暗中資助胡許兩派政變，文華堂二百萬元之賄賂，江門梁鴻楷部隊新軍械之發現，皆其鐵證，於是而有廖仲愷的被刺。但因為當時共產黨幫助國民黨左派實行斷然處置，胡許被逐，香港的第一着政策失敗。第二着便是香港資助陳炯明鄧本殷兩路進攻廣州。陳炯明當時在香港設立機關，招兵買馬，在香港市上得以自由逮捕過往汕頭的罷工工人，海陸豐的農民以及革命的學生達二百人。香港政府又復勾引北洋四艦南來，幫助陳鄧反攻。再則又嗾使土匪袁帶林警魂陷落中山縣。此時罷工委員會本已準備解決罷工，九月二十八日香港中等華商代表來省，罷工委員會將香港沙面工人及學生要求之三十餘條件交其帶回香港。香港總督扳起面孔對華商代表說：「誰叫你帶回條件來！」很明顯的，香港帝國主義此時在指揮如意的搗亂廣東，此種計劃還未實驗，如何肯解決罷工！但因為當時罷工工人幫助國民黨左派堅決進攻陳、鄧，東江南路都次第收復，而香港第二着政策又失敗。

第二期，軟化時期。原來陳炯明佔領汕頭時，汕頭罷工立被解散，港汕交通恢復，但革命軍攻入汕頭時，本地罷工工人又捲土重來了，封鎖香港。鄧本殷受香港八十萬元專僱輪船八艘，載運糧食

赴港 但革命軍攻入潼崖時，此項接濟又被本地工人截斷了。勾引南來之北洋艦隊，見陳鄧已敗，不敢進窺虎門，只得悄悄率隊北返。香港亦無可奈何。同時又因香港中等華商見罷工已久，憤恨香港政府不予解決，使他們受「城門失火殃及池魚」之慘痛，又見國民政府着着勝利，同情廣東，於是而有「懇親團」之組織，十二月二十六日來廣州，共代表三百餘人。繼而又有「華僑參觀團」之組織，不久亦來廣州，其人數亦相若。香港中等華商這些舉動，無疑義的直接對廣東政府同情，間接即對香港政府示威。香港帝國主義知大勢已去，外旣軍事失利，內又居民叛離，於是戲法爲之一變，宣佈派遣四個全權代表，赴廣州解決罷工，以安香港方面的人心。同時又派華商代表八人先行來廣州，以探廣東方面的意旨。八個華商代表抵省以後，與罷工委員會商量經濟條件，罷工委員會答覆：「我們固然要經濟條件，同時也要政治條件；只談經濟條件，何能謂爲根本解決?」並囑其轉告香港政府，所派定的四個全權代表，放胆來省，可以商量解決罷工。無論如何香港帝國主義此時確有軟化的表示。

第三期，猶豫時期 。一九二六年一月，國民黨第二次代表大會以後，廣東政局內即發生新的醞釀，原因是共產黨在國民黨大會時採取了對於新右派的退讓政策，以致新右派得以紛紛回粤活動，於是左派的政權隱隱發生動搖。×××以左派的資格一變而爲新右派的領袖，暗中準備反革命的政變，這種內容，香港帝國主義豈有不知之理，認爲廣東旣要發生政變，左派倒塌，右派登台，那麼又何必急急於解決罷工！所以香港政府派定的四個全權代表，始終遲遲不來。不僅如此，香港政府還於一月二十五日，率性宣布停止解決罷工，以示決絕。

香港帝國主義此時一方面靜候廣東的政變，一方面則用盡一切方法以加速這一政變。比方那時他們加緊「英國決用十萬大兵進攻中國」的宣傳。上海英國帝國主義的機關報，登載這樣一個消息，說：「倫敦方面決將用武力干涉中國，預定十萬大兵，北攻天津，中攻滬漢，南攻廣州」。同時，英國公使向北京政府提出質問：「究竟能否制止廣東排英運動？否則，英國當代加重大教訓」。英國國會業已同意，預算將來對粵每日軍費一百五十萬」。很顯然的，這種恫嚇的作用，只是給右派一種藉口，好來提議解散罷工。再則就是勾結廣東右派加緊對於罷工工人的進攻。伍朝樞等此時與香港政府已經發生密切關係。在此時期，伍朝樞萬事不管，專門在國民政府委員會上，替外國商人告發罷工糾察隊的「不法」。又如公安局長吳鐵城向市民宣傳：「罷工工人比劉楊兵士還兇」，簡直開槍射擊罷工工人。很顯然的，這種造謠中傷的作用，一面是離間左派對於罷工的信任，一面也是給右派將來強迫解散罷工藉口的基礎。香港帝國主義此時還有一個得意之作，就是嗾使粵海關停關。中國海關稅務司，按照不平等條約都須盡用英人，粵海關稅務司不用說亦是英人。二月廿二日粵海關突然宣告停關，借口是「罷工糾察隊扣留八艇貨物，未經稅關查驗，糾察隊如此行動，彼實不能執行職務」。並對廣東政府說：「罷工會不聽政府命令，我來替你教訓」。又對廣東商人說：「我之停關，係為減少你們受糾察隊之壓迫」。又很明顯的，這種挑撥離間的作用，都只為了一個目的，就是催促廣東政變加速的到來。

但一切陰謀，當時是被我們一一加以打擊，故未能一時生效。

直到三月，香港帝國主義見廣東政變竟未發生，不覺猶豫起來了，於十九日派人到廣州面見汪精衛說：「香港政府有誠意解決罷工，已內定輔政司，律政司，華民政務司為代表，只須汪主席親筆寫一函去，三代表就可來省」。可見香港帝國主義此時還有意解決罷工，恰恰第二天廣東發生×××的政變，罷工委員會亦被兵包圍，即所謂三月二十日事件，於是香港帝國主義的態度又為之一變。

第四期，重新強硬時期。三月二十日×××的政變，使香港帝國主義從此根本取消解決罷工的意思。三月二十政變消息傳到香港以後，香港總督召集西商大會，興高彩烈的說：「恭賀諸位！報告你們一個好消息，就是二十日廣東政變已上軌道了」。聽衆報以歡笑，高呼萬歲！所以香港政府內定的三個代表，遂不出發。四月九日，再派人到廣州與伍朝樞談說之後，香港政府率性宣佈「香港政府對於罷工期內工會及不能復業損失賠償，均不給予，亦不容許此項辦法。」以前香港帝國主義雖因面子關係，不願出錢，然而並未正式宣佈决絕；香港商人出錢，香港政府至少已經默許，如去年年底派八個華商代表到廣州和經濟條件可以證明。今則露骨的不承認出錢原則，而且佈露天下，咸使聞知，態度何等鮮明，何等堅決！無疑的這是三月二十日政變的影響。香港帝國主義從此重行抱持強硬的態度，以至於後來的「中英談判」，仍堅決的把罷工問題撇開，我們在後面再說。

這次省港罷工，本有極大的直接勝利的可能性，然而有了三月二十的政變，這種可能性完全取消了。

## 罷工與北伐

北伐是中國革命過程的一件大事，因爲有了北伐，使中國革命發展到最高度，革命領土擴張到長江流域，中國工人運動農民運動很迅速的得到長足的進步。北伐自然是當時中國全國範圍內革命高漲的需要，然而直接促進北伐則省港罷工實爲很大的動力。廣東統一以後，就開始了北伐的準備，雖然經過三月二十日蔣介石的政變，但北伐終是革命的要求，終不能因任何障礙而阻止它的進行。六月，北伐出師了。在這次北伐中，省港罷工工人不用說是積極的參加。他們服東征南征一樣，組織運輸隊、宣傳隊、衛生隊、隨師北伐。特別是運輸隊三千餘人，給予北伐軍巨大的幫助，湘粵之交，如五嶺山脈，崇山峻嶺，道路異常險阻，又兼溽暑炎蒸，罷工工人重担渡嶺，其困苦可知。也就因此，罷工工人病者好幾百人。北伐軍因得罷工工人這種帮助，出師異常迅速，八月便收復全湘，九月便直抵武漢，中國革命得到空前的發展。

## 中英談判

因爲北伐的原故，因爲「得以進行本國統一革新之工作」的原故，罷工委員會同意國民政府致函香港政府提議商量解決罷工。六月五日，國民政府去函，香港帝國主義答覆謂：「罷工已成過去事件，願派代表商量排英貨問題之解決」。國民政府回函聲明罷工仍爲政治上經濟上一件要事，但亦可磋商，廣東人民業已維持一年以上之排英貨運動的方法與手段。九月十五日，中英談判終於在廣州外交部實現了。第一次會議（十五日）只國民政府致了一篇歡迎辭。第二次會議（十六日）國民政府代表提出一意見書，大意是說廣東人民發生排英貨之直接原因，由於沙基慘案；沙基慘案之重要背景，由於上海五卅慘案。廣東爲什麼有省港罷工與經濟絕交之排英運動？因爲「廣州爲中國民族主義最大中心點，無怪其於此案堅持民族主義以相對持，而視爲中國民族主義與外國帝國主義間鬥爭之顯著表示也」。中國以民族主義辦外交，並坦直指斥帝國主義，這算是中國外交史上的第一次。此外並質問爲什麼香港對廣東實行經濟財政封鎖？爲什麼拒絕國民政府在沙基慘案發生所提議的解決條件？第三次會議（十九日）英國代表提出答覆書，謂五卅屠殺是自衛行動，沙基慘案係中國先開槍，省港罷工係少數人强迫；香港並未封鎖廣東。第四次會議（二十一日）國民政府代表提出反駁書，引證據理，指斥其推諉圖賴。談判到此，國民政府提出解决辦法，組織一公正的第三者考察法庭，惟此事須延宕時日，如爲早日恢復兩國關係計，主張兩方協力分任担負：第一，應保障不再有沙基慘案發生，此種保障，在於整頓沙面海陸駐兵，並限制英國砲艦停泊國民政府領土河面；第二，根據極公平原則，賠償沙基慘案死傷家屬；第三，解决因香港廣東通常關係破裂所發生的大失業問題，應籌備大宗欵項。英國代表對組織第三者考察法庭尙須請示本國政府；對早日恢復關係之三條件，表示反對，並聲言解决問題不能包含賠償在內，國民政府代表表示讓步，提議在第三者法庭未成立以前，應行借欵，此項借債，雙方分別担任，如將來英國在第三者法庭得到勝利，香港担負之借欵，由國民政府償還。英國代表表示反對，提議實業借欵貸予中國，以爲黃浦開埠之用，而以建築粤漢、廣九兩鐵路接軌爲條件，其監督借欵則依照廣九鐵路協約，雇用英國總工程師總管賬各一人。此日，罷工委員會偕同廣東工農商學各界召集十萬餘人之示威大會，發佈力爭沙基慘案與省港罷工條件的宣言。第五次會議（二十三日）雙方以其提議寫成條文，繼續討論，雙方皆表示須請示本國政府，而中英談判就此告一段落。其名延期，實則破裂。總而言之，中英談判雖爲廣東自有獨立政府以來第一次與外國開的對等會議，爲國民政府的新記錄，但對於罷工解决是毫無結果。

## 取消對香港的封鎖

中英談判延期以後，罷工委員會發出致全國同胞書、致海外華僑書、致全國工會書、致世界工會書、致國民黨與國民政府書，除敍述中英談判經過外，請敎三事：

（一）其將不念先烈沉冤，無條件屈服乎？

（二）抑將不但屈服，且進而接受英國所提出的實業借款條件乎？

（三）或不願屈服，須再接再厲，繼續奮鬥，以求最後之勝利乎？

三條出路，罷工委員 「因我等罷工，事關民族問題，並非純屬我等一己問題，何去何從，毫釐千里，故不能不要求海內外同胞立予決定者也。」罷工委員會又申明：「我等奮鬥，犧牲一切，本身利害，久非所計，如荷同胞指示，我們惟敬謹遵循，雖赴湯蹈火，決不瞻顧。」罷工委員會發出這信之後，各方面紛紛回答，都說「應當繼續奮鬥，誓爲罷工後盾，以求得最後之勝利。」

本來罷工委員會有好幾次準備收束罷工。當一九二五年八月廖仲愷被刺的前後，曾有一度準備，因那時五卅運動，在北方各地已依次低落，廣東孤軍奮鬥，如何做得？於是而有「北上外交代表團」之發起，由各界各出代表二人及罷工代表八人共同組織之，將省港罷工所提的政治條件交付此代表團聯合全國去爭，而罷工委員會只與香港解決經濟條件便可復工。但此種準備，一方面固然因香港帝國主義一時還不願意解決，一方面確因當時東征南征，須要罷工封鎖香港，將帝國主義對於反革命派之應援斬斷，好讓我們關起門來在家裏捉賊，所以第一次準備收束罷工的計劃就作罷。一九二六年一月國民黨大會的前後，我們又有一次準備收束罷工，因東江南路均已收復，我們須準備北伐工作，如果香港帝國主義接受相當條件，亦可復工，故當時廣東方面派一重要官員到香港，作非正式之探詢；香港亦會派一重要官員到廣州，非正式的表示要將罷工條件分爲政治經濟二部，廣東方面答應如經濟方面原則上若能承認，分開亦無不可；後來香港方面對於恢復工作一層，因謂商店倒閉，無業可復，完全復工，有些困難，廣東方面表示可以相當讓步。但因國民黨大會後廣東政局有新的醞釀，右派紛紛回粵，香港帝國主義因爲有新的希望遷延解決，我們亦擬維持罷工，以預防右派的叛逆行動的發生，因爲罷工工人經常聚集廣州者近五六萬人之多，造成一種革命的濃厚空氣，實在是鎭壓右派的一種力量，所以第二次準備收束罷工的計劃又作罷。三月二十日政變發生了，民族資產階級乘機進攻，此時當然我們不願卽於收束罷工，自已解除武裝。到五月第三次全國勞動大會的前後，我們因急於需要出師北伐，又有一次準備收束罷工。勞動大會提出由國民政府、香港政府、廣州商人、香港商人和罷工委員會五方面舉出代表組織委員會，商量解決罷工。這個五方面共同組織的委員會，亦含有打破香港方面謠言的作用，因爲當時香港有一種謠言說：「香港出錢未爲不可，不過恐其落在罷工領袖及過激派手中，仍用爲繼續反對香港之用。」罷工委員會會以此辦法，慫恿廣州商人派兩代表到香港，徵求香港商人同意，並託其轉徵香港政府同意，結果是香港帝國主義者置之不理，所以第三次準備收束罷工又作罷。陳獨秀、魏琴當時大罵廣東的黨部「太左，自始至終就無半點意思收束罷工，簡直是胡鬧！」據他們的意思，應該無條件解散罷工。自然他這種意見，我們無論如何不能贊同。但當時譚平山在滬的共產黨中央機關報宣佈「省港罷工終止了！」省港罷工在廣州分明沒有終止，而他們却在上海宣佈已經終止，這簡直是工賊的作用。

七月北伐出師了，而且所向克捷，收復全湘，直趨武漢，我們此時以爲時機已至，決定自動的收束罷工，首先是取消對香港的封鎖。取消對香港封鎖的原因還有一個，就是對於廣州沿海農民的讓步。自罷工以來，封鎖香港，所以沿海一帶農產物一律禁止出口。當罷工初起時，罷工糾察隊對鎖海口，的確得農民的幫助不少，當時愛國熱潮甚高漲，農民也是捲入這個熱潮之中。但封鎖實在太長久了，農產物停滯不能出口，農民當然大感不安，到一九二六年五月以後，農民與糾察隊在海口常常發生衝突，因爲農民偷運農產物出口，糾察隊當然截留。此時正是新農產物上市時期，農民非得出口不行。罷工糾察隊封鎖以來，在各海口常常發生戰爭，如沙魚涌之戰，糾察隊與鐵甲隊死者數十，是香港以兵艦飛機巨砲協助土匪幹的。太平之戰，糾察隊死者八人，是香港指使當地奸商土匪幹的。中山之戰，糾察隊全隊覆滅，是香港以槍械資助土匪幹的。其他還有白鶴潭之戰，淡水之戰，前山之戰，大概都是奸商土匪協同幹的。在這些戰爭中，農民還有幫助糾察隊的，至少是守中立，但到此時便不然了，農民反對糾察隊，如寶安，好幾個鄰近英界的村莊農民，簡直與糾察隊取了武裝對抗的形勢，雖被糾察隊征服了，但農民不平之氣確是與日俱增。這一點也是逼得我們不得不取消封鎖的。

關於取消封鎖自然需要收束罷工有一根本解決才行，罷工工人代表大會對此問題是經過鄭重的討論。罷工委員會提出辦法，在關稅上附加二五稅，以此稅作爲收束罷工之用。每一罷工工人先領一百元，到各處尋找工作，最好到香港尋找工作；六個月後，如不能尋找工作，可以回廣州，罷工委員會依然供其宿食。二五附加稅當然不是一次便够發給所有罷工工人，可分五批發給，每批二萬人，以五個月發齊。此問題決定後，以二五附加稅由政府通知各國領事，期在必行，各帝國主義無法，只得在罷工工人這種偉大權威之下承認了。

於是一九二五年十月十日，罷工委員會召集廣州各界羣衆大會，宣佈取消對香港封鎖，並宣言「我們對香港封鎖的取消，而是爲了將來根本收回香港的準備。」

十月十一日，便於海關附近另建二五附加稅徵收機關，由政府與罷工委員會共同組織，開始徵收。

於是對於香港封鎖，便是這樣的告一結束。

二五附加稅是由省港罷工開始的，這又是中國革命史中的新紀錄。此例一開，不僅國民政府領土內一切海關照例舉行，就是當時北方軍閥亦向帝國主義要求援例開辦，罷工工人所爭得的果實，不期軍閥也能得受實惠，眞是出人意料之外。

此後省港罷工便辦理結束，實際上罷工並沒有完結，罷工委員會一切機關依然存在，罷工食堂與宿舍亦一律存在，一直到一九二七年整個×××叛變以後，汪精衛回粵，知省港罷工工人爲一不可侮的勢力，於十月方用武力强迫解散罷工工人，罷工才算完結。所以正確計算，省港罷工從一九二五年六月起，應算至一九二七年十月爲止，共計兩年零四個月。

## 這次罷工的意義與教訓

這是一個爲世界職工運動有史以來所未聞見的長期罷工，它的意義的確超過「罷工」以上。很明顯的這個罷工在中國大革命的廣東時代，無疑的起了無產階級的領導作用。省港罷工委員會本身的確有獨立的政權性質（香港帝國主義所罵的「第二政府」），它當時在南中國的確成了各社會民衆團體的總領袖，它在廣東的地位的確有舉足輕重之勢，它的影響的確是巨大無比。也就因此使廣東方面全省工人組織起來，全省農民（九十四縣之中有八十五縣）也組織起來，共產黨由四百餘人的小團體一變而爲上萬數的眞正羣衆的政黨，以致於無產階級和共產黨在政治上得到巨大的威信。幼弱的國民黨、國民政府、國民革命軍，更是得到省港罷工的帮助，鞏固了革命根據地，統一了廣東，實行了北伐，使革命高潮推向前進。所以省港罷工的意義，的確是不能以「罷工」的意義來解釋的，因為它超過了「罷工」的意義以上了。

省港罷工的策略是不是有錯誤呢？如就罷工範圍內所有主要的策略來說，我們直到現在始終還未發現錯誤，認為是正確的。關於個別的局部錯誤，當然是不免的。但與根本策略無關。的確省港罷工所採用的策略達到了最高的形式，不是工廠範圍的形式，也不只是國內範圍形式，而是國際範圍的形式，這在中國，這種罷工策略之最高形式，應該說是自省港罷工才開始的。我們要說這些策略便是我們的教訓，讀者可自去領會，這裏不贅說了。

省港罷工遺傳下來的種子，直接影響到一九二七年十二月的廣州公社的誕生。

# 附　錄

# 鄧中夏同志傳略

# 鄧中夏同志傳略

鄧中夏同志在中國革命職工運動史上，佔着異常光輝重要的地位，只要提到中國職工運動，就不能不立卽聯想到中夏同志，因爲中夏同志的名字，與職工運動初期發展有不可分離的關係。

中夏同志，一八九七年生於湖南宜章一個沒落的地主官僚家庭，曾在北京大學文學系讀書，爲五四運動的積極參加者，那時他就開始研究馬克思、列寧的社會主義學說，因爲他的革命傾向曾遭受了家庭的阻撓，於是使他不得不毅然決然拋棄了自己的家庭，開始革命職業者的生活，把全部的精力與生命，都交給了工人階級，他的刻苦耐勞與積極性，凡是認識他的同志和朋友都是知道的。

中夏同志，是中國共產黨北方組織開創者之一，在五四運動時，他還是一個學生，卽精心研究勞動問題，參加工人小報工作（小報是當時共產黨辦的）。至一九二一年初，他卽到長辛店組織了「長辛店工人俱樂部」，該俱樂部卽北方鐵路工會組織的雛型，嗣後中夏同志，運用長辛店的工作經驗，指導和幫助天津、唐山以及北方各鐵路工人的組織與鬥爭，創造了北方職工運動的基礎。

一九二一年夏，中國勞動組合書記部成立，中夏同志是當時積極負責者之一（在第一次勞動大會後中夏同志任書記部主任），南北奔走，策劃和佈置各地職工運動。在短短的一年中，卽在全國開創了大規模的職工運動。不久就召集了第一次全國勞動大會於廣州（一九二二年），推動了全國第一次罷工鬥爭高潮，在這一時期中，勞動組合書記部，確盡了中國職工運動的組織者和領導者的積極作用，在工人羣衆中建立了極高的威信，而中夏同志，也就成爲工人階級著名的領袖。

中夏同志在第一次全國罷工高潮中，親身參加和指導許多大的罷工鬥爭，如長辛店大罷工，開灤五礦第一次大罷工及京漢「二七」大罷工等，在開灤五礦大罷工中，工人遭受英國水兵及天津警察的蹂躪，一部分領袖動搖消極，而中夏同志曾破指血書激勵他們，並親身指導罷工，領導工人堅持與英帝國主義和北洋軍閥鬥爭到底。

一九二三年中國共產黨第二次大會的時候，中夏同志就被選爲中央委員，直到他死爲止，他還是黨的中央委員。

一九二三年京漢鐵路工人罷工失敗之後，中夏同志到了上海與幾個同志一起創辦上海大學。後來「上大」在對於共產主義運動和中國的革命鬥爭上，曾起了相當的作用。同時中夏同志仍秘密地參加工人運動。由於「二七」的失敗，當時黨內一部分機會主義分子如陳獨秀等，暴露了對職工運動的取消觀點，公開說：「中國工人階級不是獨立的革命勢力……中國大多數的工人，還沒有自己階級的政治鬥爭之需要與可能，……」又有人說：「勞動運動嗎，這一名詞根本不能成立，現在只有一個國民運動！」中夏同志堅決與這種叛賣階級的取消主義觀點作鬥爭，他曾在「中國工人」、「中國青年」以及黨的機關報上嚴厲斥責這種取消觀點，並提出陳獨秀的名字來公開批評，對陳獨秀表示嚴厲的抵抗！

一九二四年中國工人運動第二個高潮開始的時候，他即離開「上大」的工作，而專心於上海工人運動，上海職工會的組織和發展，中夏同志無疑的有了很大的功績。一九二五年二月上海爆發了包括四萬餘人的二十二個日本紗廠反日罷工，中夏同志當時是指揮罷工委員會總負責者之一；這時他的全部精神皆集中在工會裏，絲毫沒有休息，夜以繼日的在工人中活動。在他的領導之下，訓練出來了像劉華那樣刻苦忠勇的戰士，在罷工工人熱烈的反日情緒之下，曾衝入租界搗毀工廠與軍警發生直接衝突，至被捕多人，中夏同志因化裝參加這次行動的領導亦在小沙渡路被捕了。兩個警察夾着他，用麻繩捆着他的手，而他昂頭在街心走着對與他一同被捕的工人說：「他們會捉着我們，但是他們打不敗我們的！」這次偉大的罷工運動震動了全國，而且加强了中國工人階級反對帝國主義的決心和勇氣，這次運動成爲五卅運動之序幕。當時上海幾萬工人羣衆空前的大罷工，逼迫帝國主義資本家和中國政府，不得不讓步，不得不釋放中夏同志和其他被捕工人。

五卅的時候，中夏同志因爲出席全國勞動大會而留在廣州，領導偉大的省港大罷工響應「五卅」運動。使英帝國主義繁榮的香港變成爲荒島，而且這個罷工，支持了廣州國民政府，鞏固了廣東革命根據地，使國民政府出師北伐，無後顧之憂，這次有偉大歷史意義的罷工運動，在最出色的組織者和領導者蘇兆徵、羅登賢、楊殷和鄧中夏等同志領導之下，把將近三十萬的罷工工人，堅強地組織起來，並建立了省港罷工委員會。在該委員會之下，成立了自己的武裝隊伍、革命法庭、檢查局、審計局、法制局、罷工工人的公共食堂和宿舍、醫院、宣傳學校等等。這一罷工的主要策略是集中力量反對英國，並提出「凡不是英國貨英國船而經過香港者可准其開來廣州」的原則。在這個正確策略之下，解決了廣州的經濟困難，保持了廣東商人的中立，拆散了帝國主義的陣線，使罷工支持到二年餘的長久時間，這一鬥爭不僅在中國工人階級偉大鬥爭的歷史中佔着光榮的篇幅，而且在全世界罷工史上也是罕見的。當時在廣州市上，幾十萬罷工工人，把蘇兆徵同志與鄧中夏同志當作是他們自己行動的兩盞明燈。

中夏同志出席在武漢召開的全國第四次勞動大會，即參與大會的一切工作。中夏同志在歷次勞動大會中，他始終是最積極的組織者和領導者，各次大會的宣言和決議，多半都是中夏同志參加起草的。自第二次勞動大會成立中華全國總工會後，他每次都被選爲全國總工會執行委員，並負重要職務。

一九二七年中國共產黨八七會議之後，中夏同志在困難的環境之中，担任了江蘇省委書記的職務，而在廣州暴動失敗、張太雷同志犧牲之後，他又担任了一個時期廣東省委書記。一九二八年又被選爲全總駐赤色職工國際的代表。在職工國際第五次大會上並被選爲赤色職工國際執行委員。中夏同志在留駐莫斯科的時期，整理了中國職工初期發展的經驗，完成中國職工運動簡史的著作。

在一九三〇年中夏同志由莫斯科回國担任湘鄂西蘇維埃的省委和紅二軍團政治委員，領導了反帝國主義和反對當時反動統治者的鬥爭。

一九三三年中夏同志爲組織反對日本反法西斯侵略者鬥爭而在上海陷於中國革命敵人的血腥的羅網。

十三年來，中夏同志在中國工人階級解放事業上，盡了他最後的力量，堅決而英勇地實行了反抗帝國主義地主資產階級的鬥爭，他的努力和勇敢，他和羣衆的聯系，對於中國共產黨，對於中國革命，當然有很大的貢獻，他是帝國主義和當時中國反動統治者的死敵，在省港罷工的時候，廣東的統治者就非常的嫉忌他，當一九二七年「四一二」政變之後，當時廣東、武漢、南京的統治者，到處通緝追捕中夏同志。當他在上海被捕解往南京後，統治者如獲「至寶」，以爲從中夏同志口中，可以得到共產黨的機密，以遂其一網打盡的毒計。可是久受布爾塞維克鍛鍊的中夏同志，雖然受盡了各種不能形容的嚴刑拷打，他始終沒有暴露任何不利於黨的消息，反而痛斥當時反動統治者賣國殃民的罪惡。當時反動統治者見嚴刑拷打無效，即主使叛徒余飛來施行誘說，他們以爲中夏同志處在嚴重威逼的生死關頭是可以同他們一樣無恥叛賣階級的，可是中夏同志，見了這些無恥叛徒，更加增了他的仇恨與憤怒，使無恥叛徒余飛來無法使其伎倆，統治者見中夏同志不畏威嚇，不爲利誘，不懼嚴刑，於是決意殺害我們的戰將。中夏同志當他臨刑的前一夜，會由監獄裏寫信給黨，在他的信上寫出英雄慷慨的言詞：「同志們，我快要到雨花台（南京屠殺共產黨員和一切有爲青年的刑場）去了。你們繼續努力奮鬥吧！最後勝利終究屬於我們的。」在這裏不僅表示中夏同志慷慨就義精神，而且表示對革命勝利的無限信心，給一切後死者以鼓勵。

中夏同志被殺了，但是他沒有被打敗的，他不屈不撓的鬥爭精神，保證着中國工人階級的最後勝利，與他的血肉相關的中國工人階級鬥爭的歷史，——他這本親著的「職工運動簡史」。將教育成千成萬的戰士，踏着他的血跡，向着勝利之途前進。

# 敬啟

『民國專題史』叢書，乃民國時期出版的著名學者、專家在某一專題領域的學術成果。所收圖書絕大部分著作權已進入公有領域，但仍有極少圖書著作權還在保護期内，需按相關要求支付著作權人或繼承人報酬。因未能全部聯系到相關著作權人，請見到此説明者及時與河南人民出版社聯系。

聯系人 楊光
聯系電話 0371-65788063
2016年3月28日